COMPLETE DESIGN THINKING GUIDE

FOR SUCCESSFUL PROFESSIONALS

디자인씽킹 가이드북

대니얼 링
지음

김정동 · 김용우 · 김흥수 · 황석형
옮김

생능출판

역자 소개

김정동(선문대학교 컴퓨터공학과 교수)
김용우(선문대학교 글로벌소프트웨어학과 교수)
김흥수(선문대학교 산학협력단/컴퓨터공학과 교수)
황석형(선문대학교 글로벌소프트웨어학과/컴퓨터공학과 교수)

디자인씽킹 가이드북

초판발행 2017년 2월 20일
제1판4쇄 2020년 11월 16일

지은이 대니얼 링
옮긴이 김정동, 김용우, 김흥수, 황석형
펴낸이 김승기
펴낸곳 (주)생능출판사 / **주소** 경기도 파주시 광인사길 143
출판사 등록일 2005년 1월 21일 / **신고번호** 제406-2005-000002호
대표전화 (031) 955-0761 / **팩스** (031) 955-0768
홈페이지 www.booksr.co.kr

책임편집 신성민 / **편집** 김민보, 유제훈, 권소정 / **디자인** 유준범
마케팅 최복락, 김민수, 심수경, 차종필, 백수정, 최태웅, 명하나, 김범용, 김민정
인쇄·제본 성광인쇄(주)

ISBN 978-89-7050-900-6(93000)

정가 20,000원

- 이 도서의 국립중앙도서관 출판예정도서목록(CIP)은 서지정보유통지원시스템 홈페이지(http://seoji.nl.go.kr)와 국가자료공동목록시스템(http://www.nl.go.kr/kolisnet)에서 이용하실 수 있습니다. (CIP제어번호: 2017001981)

COMPLETE DESIGN THINKING GUIDE

FOR SUCCESSFUL PROFESSIONALS

"Daniel Ling is one of the most innovative experience designers in Asia. This book gives you the tools he uses to make customers happy and businesses successful."

- David McQuillen, Customer Experience Pioneer & Entrepreneur

DANIEL LING

Complete Design Thinking Guide for Successful Professional by Daniel Ling

This book is exclusively distributed by Life and Power Press. Printed in Korea.
Authorized translation from English language edition published by Emerge Creatives Group LLP *and* DanielLing

역자 서문

인구구조의 변화, 초고령화 및 학령인구의 급감현상, 글로벌화, 에너지부족, 지구온난화와 환경변화, 과학기술의 발전, 산업구조의 변화, 업무형태의 다양화 등, 최근 우리들을 둘러싼 사회 환경은 끊임없이 변화되고 있다. 이러한 변화는 지금까지 상식으로 알려졌었던 지식이나 기법, 가치관 등을 적용하지 못하는 상황을 발생시키고, 경쟁력과 이노베이션의 원천을 크게 변화시키고 있다. 지금까지의 성공모델, 지식, 경험이 통용되지 않는 불확실성이 증가되는 사회가 도래하고 있는 와중에, 상식을 뒤엎는 이노베이션에 의해 새로운 시장창조, 고객창조를 도모하고 사람들의 라이프스타일을 변화시키는 서비스와 상품개발이 크게 요구되고 있다.

특히 한국이나 일본은 지금까지 생산 및 판매 등과 같은 하류공정에서는 전세계적으로 많은 강점을 가지고 있었다. 그러나 상류공정에서의 새로운 컨셉(concept) 창조에는 여전히 부족한 점이 많다. 즉, 무엇을 만들면 좋을지, 만든 제품을 어떻게 사용자들에게 어필할 것인지 등에 대해서는 지금까지 그다지 충분히 검토하거나 논의되지 않았다. 그러나 현재 이 세상은 스스로 문제를 정의하고 새로운 컨셉을 창조하여 새로운 시장을 만들어내지 않는 한, 커다란 수익을 올릴 수 있는 가능성이 매우 희박하다. 이와 같은 현상황 하에서 전세계적으로 많은 주목을 받고 있는 것이 이노베이션을 창출하는 사고 및 관리 기법으로 알려져 있는 "Design Thinking" (이하, DT. 디자인사고 또는 디자인씽킹)이다.

DT는 관찰에 의해 통찰(Insight)을 얻어내어, 가설을 세우고 프로토타입(Prototype)을 만들어서 이를 검증(Test)하는 시행착오의 개선 과정을 반복적으로 수행하여 새로운 제품 또는 서비스를 창출하는 창조적인 프로세스이다. DT에서는, "사람"과 "현장"에 주목하여, 관찰을 통해서 사람들의 행동이나 사고방식, 문맥(context)을 있는 그대로 이해하는 작업부터 시작한다는 점이 주요 특징이다.

DT는 2004년경부터 주목받기 시작하여, 2005년 스탠포드대학에 d.school이 설치되었고, 2009년 9월에 Business Week지가 "Design Thinking"이라는 제목의 특집호를 발행한 후부터 본격적으로 세상에 널리 알려지게 되었다. 한편, 2008년 Harvard Business Review에 IDEO (www.ideo.com)의 CEO팀 브라운(Tim Brown)이 “IDEO Design Thinking”을 발표한 것을 계기로, 비즈니스영역으로부터의 관심이 높아졌다. DT는 새로운 제품이나 서비스를 개발하는 경우, 그리고 신규사업개발이나 업무처리방식의 개선이나 조직혁신, 지역 활성화 및 사회문제의 해결, 이노베이션인재 육성, 소프트웨어개발 등, 다양한 영역에 적응할 수 있다.

미국 디자인컨설팅회사 IDEO의 컨설팅 노하우에서 발전하여, 일찍이 애플(Apple)의 초기 마우스(mouse), Palm사의 PDA(Paim V PDA), 무인양품(無印良品)사의 벽걸이형 CD 플레이어 등과 같은 혁신적인 제품 개발에 DT가 적용되었고, P&G, GE, 삼성, 노키아 등과 같은 글로벌 대기업이 사업전략에 DT를 도입하는 등, 전세계적으로 주목을 받고 있다.

이노베이션을 이끌어내기 위한 활동의 첫걸음으로서, 혁신적인 사고방식과 지식을 갖춘 인재를 육성하고 효과적으로 활용하는 것이 이노베이션 활동의 밑거름이 됨은 두말할 나위가 없을 것이다. 세계 다수의 유명 대학 및 대학원 등과 같은 고등교육기관에서는 이미 이노베이션 인재 양성을 위한 DT 전문교육기구를 설치하여 성황리에 운영하고 있다. 새로운 패러다임의 교육체계 개혁과 인재양성을 추구하는 우리들에게 있어서, DT는 미래의 다종다양한 분야에서 활약하게 될 21세기 창의융합인재 양성을 위한 중추적인 역할을 충분히 수행할 수 있을 것으로 기대된다.

이 책은 5단계의 프로세스를 반복적으로 수행하는 디자인 씽킹(Design Thinking) 기법을 이해하고 실천하기 위한 좋은 길잡이가 될 것이다. 이 책의 번역 출간에 협력해주신 (주)생능출판사 관계자 여러분들께 깊이 감사드린다.

2017년 1월

역자 일동

저자 서문

디자인은 무엇보다도 비즈니스에 실용적이고 미적 감각을 반영해야 한다. 좋은 디자인은 주로 사람들을 위한 것이어야 한다(토마스 J. 왓슨(Thomas J. Waston) 기업가).

초창기 애플사의 투자자들 중의 한사람인 마이크 마르쿨라(Mike Markkula)가 작성한 1페이지 분량의 메모("애플의 마케팅 철학"이라고 이름 붙여진)에는 다음과 같은 3가지 사항이 강조되었다.

- 고객을 충분히 이해하고, 공감을 표하라.
  마르쿨라는 그의 팀 멤버들에게 "우리는 다른 회사들보다 더 잘 고객들의 요구를 진정으로 이해해야 한다"고 강조했다.

- 잘 정의되고 변함없는 실행계획으로 집중하라.
  마르쿨라는 "우리가 실행하려고 결정한 사항들을 잘 처리하기 위해서는, 덜 중요한 것들을 모두 제외시켜야만 한다"라고 역설했다.

- 사람들은 제품 자체 뿐만 아니라, 제품의 패키징 상태와 종업원들에 의해 제공되는 서비스를 토대로 기업에 대해서 무의식적으로 판단한다는 믿음을 이끌어내라.
  마르쿨라는 "사람들은 책을 판단할 때 겉표지를 가지고 판단한다. 우리는 최상의 제품, 최고 수준의 품질을 갖춘 제품, 가장 유용한 소프트웨어를 만들 수도 있다. 그러나, 만약에 그런 제품들을 사람들에게 대충 선보인다면, 아마도 사람들은 그저그런 제품으로 여길 것이다. 그렇지만 만약 창조적이면서도 정교한 방법으로 제시한다면 원하는 결과를 이끌어낼 수 있게 된다"라고 주장했다.

이와 같은 메모는 매킨토시 컴퓨터가 발표되기 전인 1980년대 초 무렵에 작성되었던 것으로서, 통찰력이 돋보이는 내용이 포함되어 있다. 이 메모에서 강조되고 있는 위의 3가지 가치들은 애플이 다른 경쟁기업들과 무엇이 다른지를 진정으로 잘 표현하고 있다. 오늘날 우리들은 애플이 아이폰이나 맥북 등과 같은 제품 디자인과 유저 인터페이스 디자인에 많은 노력을 쏟아붓고 있음을 잘 알고 있다. 사고와 집중이 제품의 패키징 방식에 적용되고, 심지어는 제품 상자에서 아이폰을 꺼내는 방식까지도 고려하고 있다. 아이튠즈에서 음악을 구입하는 즐거움까지도 고객에게 전달하기 위해서는 고객들에 대한 깊은 공감이 필요하다.

비록 당시에는 실현해내지 못했지만, 마르쿨라는 디자인 사고의 기초에 대해서 언급하였던 것이다.

감사의 글

나는 비즈니스 분야에 더 많은 디자이너가 필요하고, 모든 사람들이 디자이너라고 굳게 믿는 신봉자이다.

나는 제품 및 서비스 디자인 분야에서 이노베이션과 디자인 사고를 약 10년 간 경험했다. 이러한 경험을 통해서 나 스스로 "비즈니스 분야의 디자이너"(디자인 사고가이면서 비즈니스와 금융분야에 친숙한 전문가)로 변모되고, 디자인 사고 워크숍과 교육과정에서 퍼실리테이터 역할을 수행해 온 수년 간의 경험을 통해서 우리가 살아가는 세상에 디자인 사고 분야의 실제적인 지식을 전파할 수 있게 되었다.

나는 전문직 종사자들과 학생들에게 디자인 사고 기법을 전파함으로써 그들이 속한 조직, 단체, 사회가 당면하고 있는 문제점들에 대한 혁신적이고 효율적인 해결책을 제공한다는 비전을 가지고 있다. 이와 같은 책을 제작하여 출판함으로써 디자인 사고가로서의 내가 가지고 있는 지식을 더 많은 사람들과 공유하고, 더불어 많은 사람들이 디자인 사고를 활용하여 비즈니스 분야 또는 우리 사회 여러분야를 변화시킬 수 있기를 바란다.

이 책을 집필하는데 많은 도움을 준 아래의 여러분들에게 감사드린다.

나의 아내 Joleen과 내 아들 Caleb
- 이 책을 집필하는 동안, 가족과 함께 해야하는 귀중한 시간을 양보하며 인내와 자비심을 베풀어 주었다. 이런 모습은 쉽지만은 않았다.

나의 멘토이자 보스 Bojan
- 나에게 이 분야에서 디자인 및 사용자 경험 전문가로 변신할 수 있는 기회를 제공하고 도움을 주었다.

나의 동료 Mingjie와 Jordan
- 이 책의 집필을 시작하도록 영감을 주었다. 그들과의 대화를 통해 영감을 얻었고, 무기력 상태에서 벗어날 수 있었다.

일러스트레이터 Stefanie와 카피라이터 Han Hwee
- 이 책의 제작과정에서의 도움에 감사드린다.

차례

제1장

디자인 사고(Design Thinking)란?

"디자인의 기본적인 역할은 문제해결이다."

– FAST Company, Business Magazine –

Chapter

01 디자인 사고(Design Thinking)란?

"디자인 사고"란 무엇이고 우리들에게 어떤 도움이 될까?

디자인 사고는 디자이너들이 디자인 작업을 수행할 때의 마음가짐(사고방식)에 관한 핵심적이면서 본질적인 부분이다. 디자인 사고는 어떤 브랜드나 비즈니스, 또는 사람을 긍정적인 방향으로 몰아갈 수 있는 강력한 사고 도구이다.

예를 들어, 어떤 장치(또는 장비)를 살펴보면서 "어떻게 하면 비효율성과 낭비를 줄이고 좀 더 좋고/빠르고/유연하게 만들 수 있을까?"라고 고민하는 경우를 생각해보자. 이러한 상황에서는 단순히 제품을 설계하는 범위를 초월하게 된다. 이런 고민을 확대하여 다종다양한 삼라만상에 적용할 수 있다. 예를 들면, 직업을 구하기 위하여 수많은 사람들이 도시에 모여드는 경우, 도시지역에서의 에너지, 식량, 식수 그리고 다른 자원들의 소비가 지속적으로 증가하게 된다.

이러한 현상은 자연스럽게 우리들의 주변 환경과 일상생활에 엄청난 압력과 스트레스를 유발시킨다(싱가폴의 교통혼잡상황, 긴 대기시간, 과밀하고 혼잡한 쇼핑몰 등이 좋은 사례이다).

디자인 사고는 과밀하고 혼잡한 주거공간에 관한 문제점들을 해결하고 스트레스를 최소화하는데 도움이 될 수 있다. 또한, 우리 주변의 자원을 효율적으로 활용하고 에너지 소비를 최소화하는 데도 디자인 사고를 적용할 수 있다.

그러나, 우리들이 이미 알고 있는 기존의 사고방식을 디자인 사고로 "대체"하려는 의도로 이 책을 만든 것은 아니다. 이 책은 기존의 사고방식을 보완하고 보조하기 위한 역할을 하게 된다. 어떤 사람들은, "디자이너처럼 생각하는 것이 왜 중요한가?"라고 반문할 수도 있다. 디자인 사고는 구체적이고 실질적인 결과물을 성취하기 위해서 누구든지 활용할 수 있는 확실하고 믿을 수 있는 문제해결 방식이다. 그러나 디자인 사고를 충분히 지속적으로 사용하지 않거나 본인의 사고방식 속에 적극적으로 통합하지 않는다면, 효과적인 결과를 성취할 수 없게 될 것이다.

그런데, 왜 여러분들에게 도움이 되는 또 다른 도구들이 필요한가?

왜 디자인 사고가 필요한가?

디자인 사고가 필요한 이유 3가지

❶ 기업의 혁신을 위하여

"혁신은 리더와 추종자를 구분하는 잣대입니다."
- 스티브 잡스(Steve Jobs), 애플 CEO

기업들은 혁신이 절대적으로 필요하다. 그렇지 않으면 도태된다. 오늘날의 소비자들은 자아의식 수준이 매우 높고 선택에 민감하며 매우 변덕스럽다.

3M과 애플은 실패 직전의 회사들이었다. 그런데, 이 두 회사는 디자인 사고를 통해 혁신의 문화를 채용함으로써 엄청난 성공신화를 달성할 수 있었다. 3M은 오늘날 55,000개 이상의 혁신적인 제품들을 판매하여 약 300억 달러의 수익을 올리고 있으며, 애플의 경우에는 아이폰, 맥북, 아이패드 등과 같은 멋진 제품들을 생산하여 전자제품 소비시장을 주도하고 있다.

치열한 경쟁이 벌어지는 시장에서, 대규모 기업이든 소규모 기업이든 경쟁사들을 뛰어넘는 이점을 창출하기 위한 혁신이 필요하다. 디자인 사고는 충족되지 못하는 소비자들의 요구사항과 그런 상황을 토대로, 기업들과 스타트업들이 혁신하고, 새로운 기회를 모색할 수 있도록 해준다.

애플은 디자인 사고를 통해 혁신의 문화를 채용함으로써
엄청난 성공신화를 달성할 수 있었다.

❷ 사회의 **사람들과 관련된 문제를 해결하기 위하여**

"디자인은 사람들을 위한 것이다. 디자인을 한다는 것은 사람들이 마주한 문제를 파악하고 최선의 해결책을 실행에 옮기는 것이다." *- 이반 체르마예프(Ivan Chermayeff), 디자이너 겸 아티스트*

사람들에 관한 문제들(일상생활에서 우리가 직면하는 어려움들)을 해결하기 위하여 디자인 사고가 필요하다. 예를 들면, 사람들로 붐비는 기차역, 인터넷 전송이 원활하지 못한 온라인 뱅킹 사용, 교통정체현상 등이 우리 일상생활 속에서 발생하고 있고, 이로 인해 우리는 좌절감과 사회적 문제들에 직면하고 있다. 디자인 사고의 원리를 적용함으로써, 합리적이고 최선의 가능한 대안들은 이러한 문제를 보다 좋고/빠르고/원활하게 해결할 수 있다.

싱가폴의 혼잡한 지하철 - 이 문제를 해결할 수 있을까?

문제, 문제, 문제…

우리는 매일 다양한 문제에 직면하고 있다.
디자인 사고를 사용하여 어떤 문제들을 해결할 수 있을까?

1. 명확하게 정의되지 않은 문제들
2. 해결책을 만들기에는 정보가 부족한 문제들
3. 사람들의 요구에 강한 영향을 주는 문제들
4. 상황/정황이 변화되는 문제들

❸ 개인의 경쟁우위를 선점하기 위하여

"디자인 사고는 혁신을 위한 인간중심적인 접근방법으로서, 디자이너의 도구를 사용하여 인간의 요구사항, 과학기술의 가능성, 비즈니스 성공을 위한 요소 등과 같은 3가지를 통합하는 것이다."

- 팀 브라운(Tim Brown), IDEO 회장 겸 CEO.

디자인 사고는 경력이나 업무 측면에서 성공하기를 원하는 각 개인들에게 경쟁우위 요소로서 자리매김되어 왔다. 로트만 디자인 스쿨(Rotman School of Design)과 스탠포드대학교의 d.school 등과 같은 많은 교육기관들이 최고위층이나 전문가들을 위한 디자인 사고 교육 과정을 운영하고 있다. 이들 학교에서는 수강생들에게 디자인 배경지식과 더불어 강력한 비즈니스 전략 및 창의력을 학습할 수 있도록 하고 있다.

월 스트리트 저널에 의하면, 디자인 사고 MBA과정의 비용이 연간 40,000달러를 넘어설 것으로 예상하고 있으며, 스탠포드대학교에서 개설되는 3일 간의 디자인 사고 부트캠프의 참가비는 9,500달러에 이른다고 한다.

보다 높은 경쟁우위 요소를 확보하고 더 효과적인 삶을 영위하기 위해서, 많은 사람들은 디자인 사고 과정과 관련지식을 습득하기 위해 막대한 비용을 기꺼이 지불하고 있다.

많은 사람들이 디자인 사고 과정과 관련지식을 습득하기 위해 막대한 비용을 기꺼이 지불하고 있다.
이 모든 것은 보다 높은 경쟁우위 요소를 확보하고 보다 더 효과적인 삶을 영위하기 위해서이다.

디자이너처럼 생각함으로써 조직의 제품 또는 서비스 개발 방식을 사용자 입장에서 변화시킬 수 있다. 또한 디자이너처럼 생각하는 방식에 의해서, 업무 처리과정과 전략을 개선시킬 수도 있다. 디자인 사고의 원리를 신제품이나 새로운 서비스 개발에 적용할 수도 있으며, 도시 또는 국가가 당면하고 있는 난제들을 해결하는 데에도 사용할 수 있다.

디자인 사고는 어떤 문제점이나 고객의 요구사항에 대한 해결책을 고안하거나 아이디어를 도출하기 위한 방법으로서, 문제에 집중하는 것이 아니라 해결책을 마련하기 위해 몰입하는 문제해결 과정이다.

활동

왜 우리들에게 디자인 사고가 필요한지 이해했다면, 다음과 같은 활동을 통해서 복습해보도록 하자.

❶ 여러분을 자극했던 주요한 혁신(개선) 사례들이 있었다면 그것은 무엇이었나? 어떻게 개선(혁신)할 수 있었나?

❷ 여러분이 일상생활 속에서 마주쳤던, 사람들과 관련된 **문제들(human problems)**은 무엇이 있었나? 어떻게 그 문제들을 해결했나?

❸ 여러분은 어떤 일(분야)에서 디자인 사고를 활용하여 경쟁우위를 선점하려고 하는가?

무엇이 디자인 사고를 독특한 사고방법으로 만드는가?

디자인 사고를 정의하는 7가지 특징들

심리학에서 좌뇌는 논리적/분석적 기능을 제어하고, 우뇌는 상상력, 창의력, 감성 등을 처리한다고 알려져 있다.

디자인 사고는 좌뇌와 우뇌를 함께 활성화하는 체계를 이용하는 기법 중의 한가지이다. 그러나, 소수의 천재 또는 영재들만이 이와 같이 좌뇌와 우뇌를 동시에 활성화할 수 있다는 의미는 절대 아니다. 다음의 사항들을 기억해 두기 바란다.

❶ **누구든지** 디자인 사고를 활용할 수 있다.

❷ 디자인 사고는 **재미있다.**

❸ 디자인 사고에는 다른 **사람들과** 공감하는 방법이 포함되어 있다.

❹ 디자인 사고를 통해 문제에 대한 해결책을 찾는 것만큼이나 활동적으로 **문제를 정의하려고 노력**한다.

❺ 디자인 사고를 통해 **아이디어를 도출하고 해결책**을 모색한다.

❻ 디자인 사고를 통해 서로 **협업하고 반복적으로 프로토타입**을 만든다.

❼ 디자인 사고를 통해 **다종 다양한 유형의 문제들을 해결**한다.

디자인 사고는 문제해결 도구이다….

디자인 사고는 여러분이 관여하는 모든 프로젝트에서 활용할 수 있는 문제해결 도구로서, 다음과 같은 영역에서 인간중심형 문제들을 대상으로 한다.

1. 일상생활
2. 비즈니스 및 서비스
3. 업무처리과정 및 작업처리
4. 여러 가지 상황

활동

다음과 같은 상황(분야)에서 발생하는 문제들을 생각해보자.

❶ 일상생활	❷ 비즈니스 및 서비스
• 사람들로 붐비는 버스 안 • 주택마련이 힘든 젊은 부부(커플) • • •	• 온라인으로 영화관람권 예매가 수월하지 않았던 경험 • • • •
❸ 업무처리과정 및 작업처리	**❹ 여러 가지 상황**
• 밀린 업무들 • 어떤 문제를 효율적으로 해결하지 못하는 경우 • • •	• 안개가 심한 경우 • 고객이 불만을 호소할 경우 • • •

무엇이 디자인 사고를 독특한 사고방법으로 만드는가?

디자인 사고와 다른 사고방법들간의 비교

비즈니스 사고 Business Thinking	디자인 사고 Design Thinking	창의적 사고 Creative Thinking
좌뇌	**문제해결을 위해 좌뇌와 우뇌를 모두 사용**	우뇌
합리적이고 구조적	**합리적이고 직관적인 방식을 적절하게 상호 전환하여 사용**	직관적이고 감성적
분석 활동 중심	**분석 및 창작 활동을 반복**	창작/표현 활동 중심
잘(명확하게) 정의된 문제를 다룸	**불명확하게 정의된 문제를 다룸**	문제 자체가 정의되어 있지 않음
비즈니스 결과를 개선하는 것이 목표	**사용자 경험을 개선하는 것이 목표**	새로운 아이디어를 모색하는 것이 목표
분석 → 의사결정	**공감 → 문제정의 → 아이디어 도출 → 프로토타입 → 테스트**	인지 → 아이디어 도출
"이 문제를 해결하자!"	**"우리가 해결해야 하는 문제가 무엇인가?"**	"문제가 존재하지 않는다!"

"디자인은 모든 부서의 모든 회의에서
의제로 삼아야 할 정도로
매우 중요합니다."

- 톰 피터스(Tom Peters), Business Management 저자

디자인 사고 – 다섯 가지 마음가짐을 토대로 하는 실행 계획

디자인 사고의 프레임워크를 이해하기

디자인 사고를 구성하는 요소들을 분해해보면, 디자인 사고(design thinking)는 "디자인(design)"과 "사고(thinking)"라는 2개의 서로 다른 낱말들로 구성되어 있다.

"디자인(Design)"은 "계획한다, 표시한다"라는 의미의 라틴어 "Designare(데지그나레)"에서, "사고(Think)"는 "곰곰이 생각하다, 숙고하다"라는 의미의 라틴어 "Cogito(코기토)"에서 유래한다.

따라서, 디자인 사고(design thinking)는 문제를 해결하기 위한 일련의 적합한 활동들이며, 적절한 태도 및 마음가짐이라고 할 수 있다. 비유적으로 설명하자면, 마음가짐이 기관차라면, 실행계획은 기찻길이라고 할 수 있다.

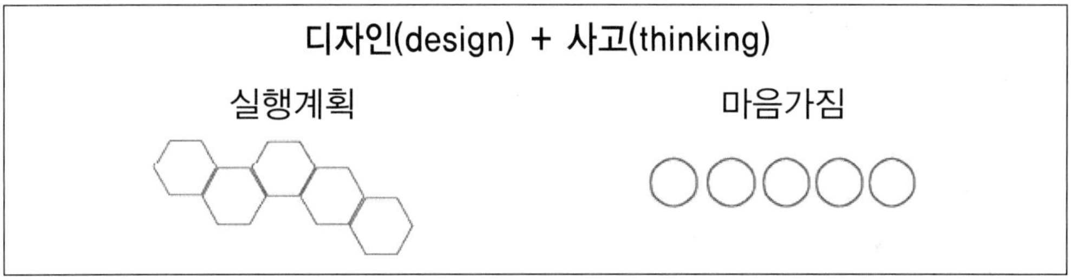

어떤 모험을 하든지 계획 또는 전략이 필요하다.

디자인 실행 계획(design action plan)은 디자인 사고 과정을 실행시키기 위한 일련의 활동단계들로 구성된다. 디자인 실행 계획의 특징에 대해서는 제2장에서 보다 상세하게 설명하도록 한다.

마음가짐(mindset)은 디자인 사고 과정을 일관성 있게 효율적으로 진행시키기 위한 사고방식의 특성 또는 사고 행위들을 집대성한 것이다. 마음가짐에 대해서는 제3장에서 연마하고 확장시키도록 한다.

기억해두자.

"디자인 사고를 실천하기 위해서는 문제를 해결하기 위한 디자인 실행 계획과 마음가짐이 필요하다."

실행 계획과 마음가짐을 함께 구동시켜야 한다!

디자인 사고를 위해서는 실행 계획과 마음가짐이 모두 필요하다. 어느 한가지만으로는 올바르게 동작하지 않는다.

예를 들어 자동차와 운전자를 생각해보자. 자동차는 시동을 거는 운전자가 없으면 움직일 수 없으며, 운전자는 자동차가 없으면 장거리 여행이 불가능하다. 이와 유사하게, 효과적인 디자인 사고를 위해서는 서로 적절하게 기능할 수 있는 디자인 실행 계획(자동차)과 마음가짐(운전자)이 함께 필요하다.

실행 계획과 마음가짐은 매우 중요한 요소들이다. 디자인 사고를 활용하는 사람이 올바른 마음가짐을 갖지 못한다면, 불만족스러워지게 되고 많은 시간과 노력을 허비하게 된다. 이러한 상황하에서는 최상의 실행 계획도 최악이 되기 쉽다.

디자인 사고 점검표 :
어떠한 도구 및 자원들이 필요한가?

디자인 사고를 수행하기 위한 아래의 도구들과 자원들이 갖추어져 있는지 확인하기

- ❑ 적합한 협업 공간
- ❑ 종이
- ❑ 필기도구들
- ❑ 자르거나 붙이기 위한 도구들
- ❑ 카메라 / 이미지들
- ❑ 스케치북
- ❑ 포스트 잇
- ❑ 판지(Cardboard)
- ❑ 화이트보드/벽/핀보드
- ❑ 카드
- ❑ 프로토타입 제작용 재료
- ❑ 프레임워크(이 책에서 배우게 된다)

디자인 사고 점검표 :
디자인 사고가(Design Thinker)가 되기 위해 필요한 것들

본인이 디자인 사고가의 특성을 갖추고 있는지 확인해 보시오.

- ❏ 여러분은 고객의 입장이 될 수 있나?
- ❏ 사용자들과 이해관계자들에 대해서 공감할 수 있나?
- ❏ 규칙이나 일반통념을 뛰어넘어서 현재상태를 변화시키는 도전이 좋은가?
- ❏ 올바른 질문을(심지어는 자신의 상사에게) 할 수 있나?
- ❏ 이메일을 작성(타이핑)하는 것 대신에, 그림을 그리거나 스케치할 수 있나?
- ❏ 혼자 일하는 것보다 다양한 분야의 사람들과 협업하기 좋아하나?
- ❏ 큰 그림을 살펴볼 수 있고 전체적으로 생각해볼 수 있나?
- ❏ 새롭고 다양한 아이디어들을 도출해내고, 그것들을 공유하는 것을 두려워하지 않나?
- ❏ 자신이 원하는 목표를 달성하기 위하여 여러 가지 대안들을 찾아서 반복하기를 거듭할 수 있나?
- ❏ 기꺼이 실패할 준비가 되어있나?

위의 질문은 스스로 확인해보는 사항들이다. 시험이 아니다.
다시 한번 언급하건데, 누구든지 디자인 사고가가 될 수 있음을 기억하라!

위의 10개 확인사항들 중에서 8~10개가 "Yes"라면 상당히 훌륭한 상태이다! 그런 상태를 유지하도록 하라! 여러분의 마음가짐은 디자인 사고가가 되기에 충분하며, 자신의 그러한 특성들이 이 책을 토대로 하는 디자인 사고 교육과정을 통해서 자주 발현될 것이다.

위의 10개 확인사항들 중에서 4~7개가 "Yes"라면 괜찮은 상태이다! 대부분의 사람들이 이 범주에 속한다. 이 책을 토대로 하는 디자인 사고 교육과정을 통해서 디자인 사고가의 특성들을 연마하고 마스터하기 바란다.

위의 10개 확인사항들 중에서 0~3개가 "Yes"라면 그래도 괜찮다. 부족하다고 생각되어 디자인 사고 교육과정을 이수하려고 이 책을 읽는 것일 테니까…. 디자인 사고가로서 갖추어야 할 마음가짐과 특성들을 틀림없이 성취할 수 있다.

요점정리

❶ 사람들은 디자인 사고를 필요로 한다.

- 혁신하기 위해서
- 인간과 관련된 문제들을 해결하기 위해서
- 경쟁우위를 선점하기 위해서

❷ 디자인 사고에서는 디자인 실행 계획(design action plan)과 더불어 마음가짐(mindset)이 함께 필요하다.

❸ 디자인 사고에 필요한 도구들과 자원들이 준비되었나?

❹ 디자인 사고가가 되기 위한 특징들을 갖추었나?

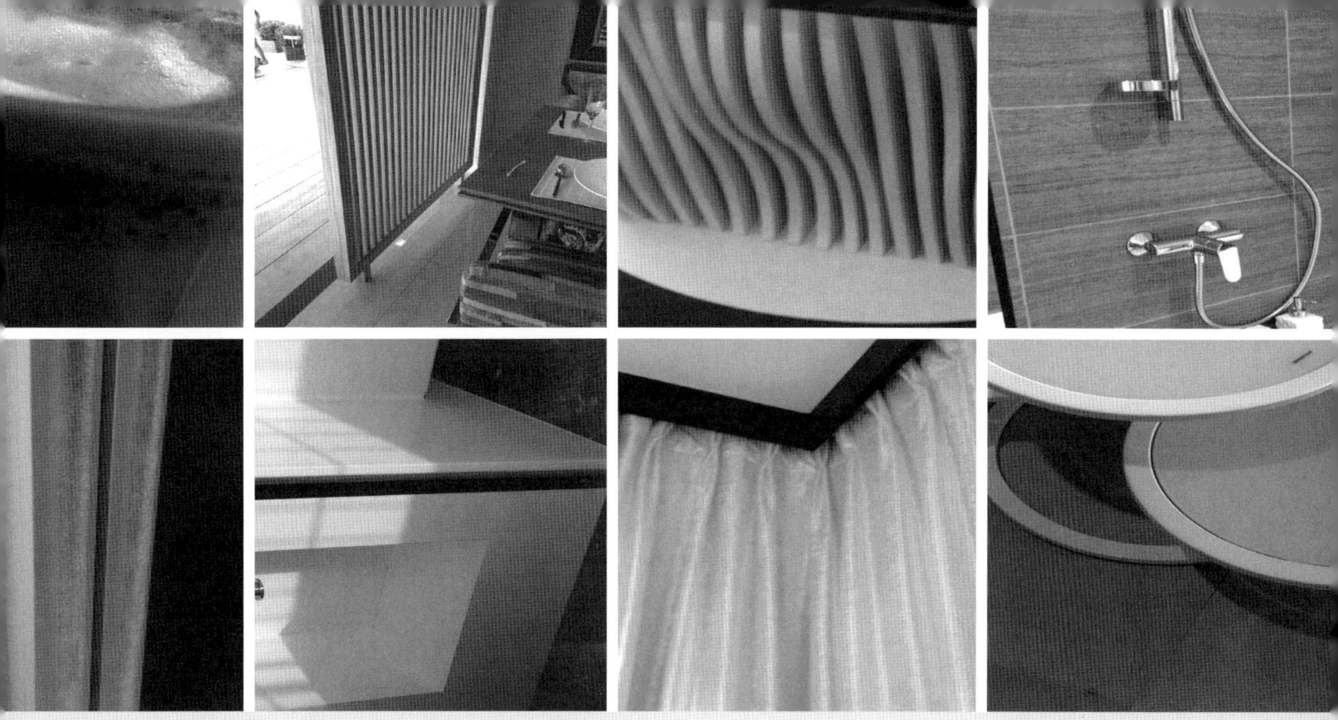

제 2 장

디자인 실행 계획

"디자인은 어떻게 보이고 느껴지느냐의 문제만은 아닙니다.
디자인은 어떻게 구현할 수 있느냐의 문제입니다."

– 스티브 잡스(Steve Jobs), 애플 CEO

Chapter

02 디자인 실행 계획

제1장에서 설명한 바와 같이, 아무런 아이디어나 전략없이 디자인 사고를 시작해서는 안 된다. 디자인 실행 계획이 필요하다.

디자인 실행 계획은 디자인 사고 과정을 수행하기 위한 여러 개의 실행 단계들을 포함하는 프레임워크로서, 프로젝트에 참여하는 사람들이 올바르게 작업을 수행할 수 있도록 돕는 길잡이 역할을 한다.

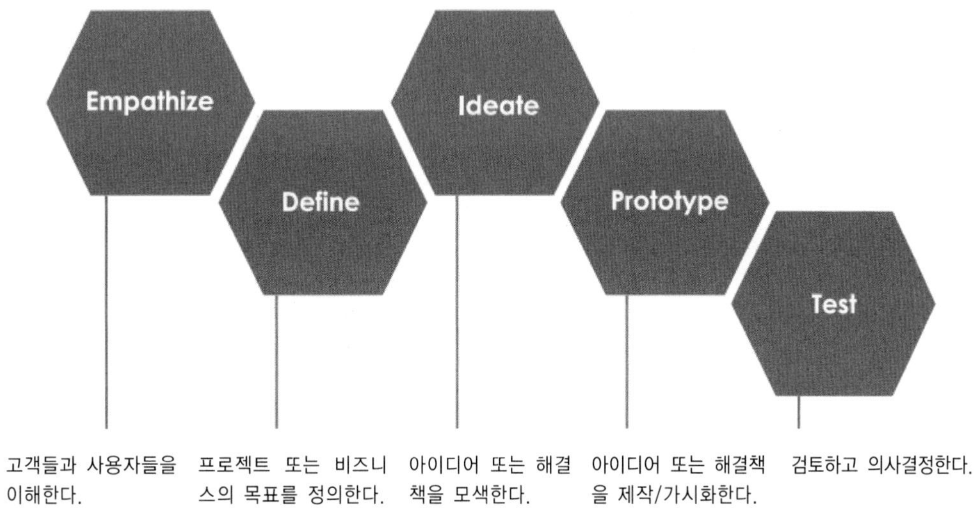

디자인 실행 계획에 포함된 5가지 실행단계는 다음과 같다.

- 공감(Empathize) – 고객들 또는 사용자들을 이해
- 문제정의(Define) – 프로젝트 또는 비즈니스의 목표를 정의
- 아이디어 도출(Ideate) – 아이디어 또는 해결책을 모색
- 프로토타입(Prototype) – 아이디어 또는 해결책을 제작/가시화
- 테스트(Test) – 검토 및 의사결정

디자인 실행 계획의 다섯 가지 특징

❶ 디자인 실행 계획은 "브레인스토밍"이 아닐뿐더러 "단 하루"만 수행하는 작업공정도 아니다.

디자인 실행 계획은 즉석에서 수행되는 작업공정이 아니다. 공동의 목적을 달성하기 위해서 참여하는 헌신적이고 열성적인 구성원들의 시간과 노력이 필요하다. 또한 24시간 내에 해결할 수 있는 문제를 다루는 "1일 작업"도 물론 아니다. 여러 번의 반복과 테스트, 사용자와 함께 하는 검토작업과 답사작업 등이 필요하며, 보육기간이 요구된다.

어떤 사람들은 디자인 사고를 "브레인스토밍" 작업이라고 주장하지만 그렇지 않다. 디자인 사고는 5단계 과정으로 구성되어 있으며, "아이디어 도출"이라는 한가지 단계로 되어 있지 않다는 사실을 기억하기 바란다. 디자인 사고에서는 작업개시 직후에 즉시 해결책을 찾아냈다고 하더라도 문제를 정의하는 작업을 수행한다.

❷ 디자인 사고에서는 반복적으로 작업한다.

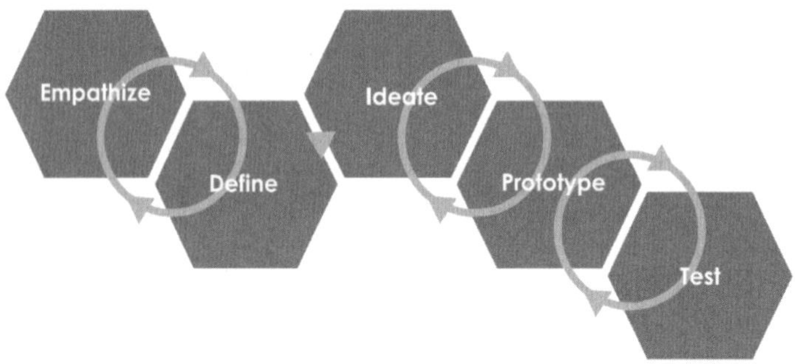

디자인 실행 계획은 반복적인 공정으로서, 각 단계를 전진 및 후진 방향으로 반복할 필요가 있다. 이러한 반복작업에 의해 다양한 발견을 하여 궁극적으로 원하는 결과 획득 또는 의사결정 지점에 도달하게 된다. 즉, 어떤 일이든 모든 측면이 명명백백하게 될 때까지 계속 반복적으로 작업한다는 의미이다.

예를 들면, 아이디어 도출 단계와 프로토타입 단계를 여러 차례 반복할 수도 있다. 즉, 머릿속에 떠오른 아이디어를 스케치하여, 그 아이디어로부터 다양한 측면의 발견을 해내기 위하여 즉시 프로토타입을 제작한다. 이후에는 다시 아이디어 도출 단계로 되돌아가서 아이디어를 개선한다.

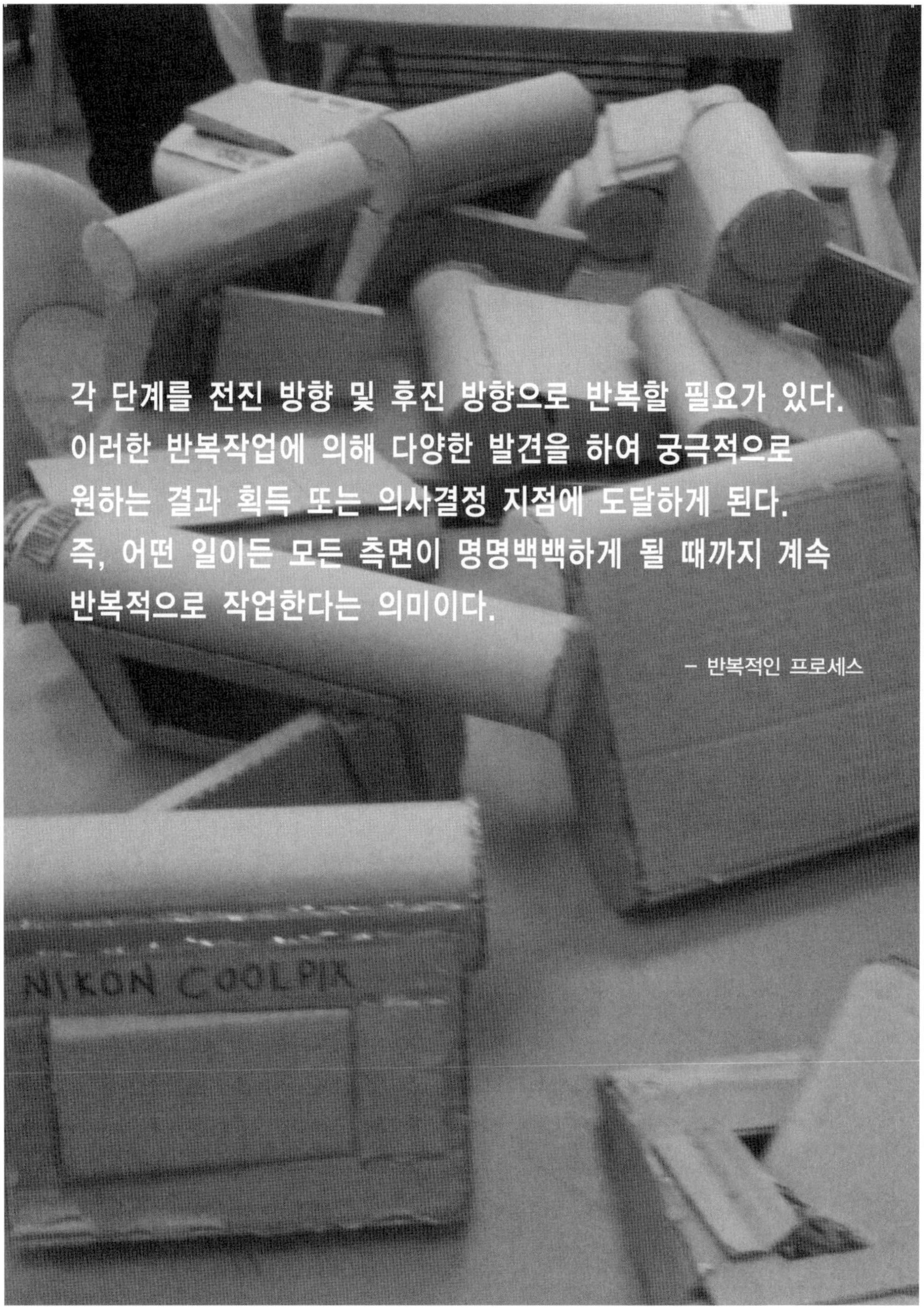

각 단계를 전진 방향 및 후진 방향으로 반복할 필요가 있다. 이러한 반복작업에 의해 다양한 발견을 하여 궁극적으로 원하는 결과 획득 또는 의사결정 지점에 도달하게 된다. 즉, 어떤 일이든 모든 측면이 명명백백하게 될 때까지 계속 반복적으로 작업한다는 의미이다.

– 반복적인 프로세스

❸ 디자인 실행 계획은 **발산적 사고**와 **수렴적 사고** 과정을 모두 포함한다.

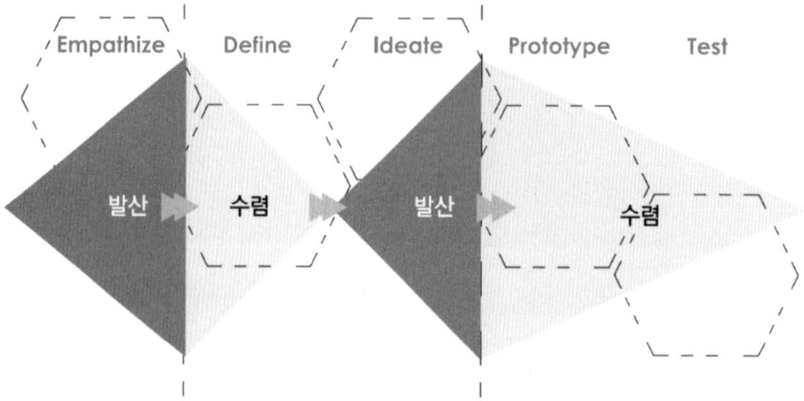

디자인 실행 계획에는 발산적 사고와 수렴적 사고 과정이 모두 포함되어 있다.

공감 및 아이디어 도출 단계에서는 발산적 사고가 필요하다.
발산적 사고에서는 아무런 제한 또는 제약 없이, 아이디어와 가능성을 창조하고 도출한다. 이 과정에서는, 다양한 상상력을 발휘하여 투박하거나 거친 아이디어들을 발상하여 새롭게 만들어낼 수 있도록 격려받게 된다.

문제정의, 프로토타입, 테스트 단계에서는 수렴적 사고가 필요하다.
수렴적 사고에서는 제약사항들과 피드백을 토대로, 문제에 대한 올바른 해결책들을 적극적으로 취사선택한다. 이 과정에서는, 당면한 문제를 해결하기 위하여 분석과 의사결정, 지속적인 비판적 질문 등을 수행할 수 있도록 격려받게 된다.

발산적 사고와 수렴적 사고는 두가지 모두 디자인 사고를 수행하는데 중요한 역할을 한다.

기억해두자.

"발산적 사고는 아무런 제한 또는 제약없이 아이디어와 가능성들을 창조하고 도출한다."
"수렴적 사고는 제약사항들과 피드백을 토대로, 문제에 대한 올바른 해결책들을 적극적으로 취사선택한다."

❹ 디자인 실행 계획에서는 모든 참여자들이 **협업하면서** 전 과정을 함께 할 수 있어야 한다.

디자인 실행 계획은, 디자인 사고 과정을 촉진하는 퍼실리테이터(facilitator)를 포함하여 모든 참여자들이 전 과정을 상호 협력하는 단계들로 구성된다.

참여자들은 문제에 대한 자신의 사전경험과 지식을 바탕으로 문제해결에 적극 활용하게 된다.

이 과정은 서로에게 책임을 "전가"하는 형태로 진행되는 것이 아니다. 예를 들면, 공감 단계에서는 조사담당자들의 수행결과를 문제정의 단계에서 비즈니스 리더와 공유하여 프로젝트를 정의하고, 디자이너를 합류시켜서 아이디어 도출 단계를 진행하며, 엔지니어들을 활용하여 프로토타입과 테스트 단계를 수행할 수도 있다.

그러나, 이러한 모습은 진정한 디자인 사고 과정이 아니다. 진정한 디자인 사고 과정에서는 모든 참여자들(조사담당자, 비즈니스 리더, 디자이너, 엔지니어 등)이 처음부터 끝까지 모든 과정에 동참해야 한다.

왜냐하면, 팀 구성원들 모두가 합심하여 깊이있게 통찰(진정한 문제점이 무엇이고 사용자 또는 고객들이 무엇을 요구하는지 깊숙히 이해)해야 한다. 디자인 사고는 모든 참여자들이 공통의 목표하에 시종일관 협력하고 협조하는 과정으로 진행된다.

디자인 사고는 모든 참여자들이 공통의 목표하에
시종일관 협력하고 협조하는 과정이다.

❺ 디자인 실행 계획의 각 단계에는 **산출물(deliverables)**이 있다.

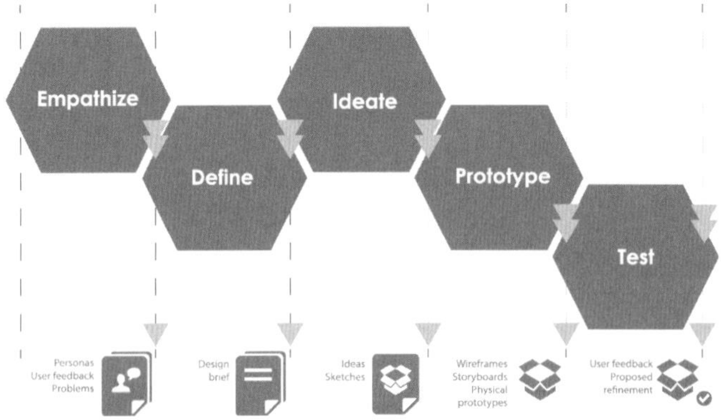

디자인 사고의 각 실행단계들을 진행하면서 평가기준이 될 수 있는 다양한 산출물들이 만들어진다. 각 산출물들은 필수적으로 작성해야 하는 것은 아니며, 모든 산출물들을 사용해야 하는 것도 아니다. 참여하는 프로젝트의 특성을 감안하여 필요한 산출물들을 선택적으로 작성하기 바란다.

디자인 사고의 각 단계가 종료되면 아래와 같은 산출물들을 얻을 수 있다.

1. 공감 단계 a. 페르소나(Personas) b. 공감지도(Empathy Map) c. 사용자 피드백 목록 d. 발견해낸 문제들	2. 문제정의 단계 a. 디자인 의뢰서(Design brief) b. 이해관계자 지도(Stakeholder map) c. 컨텍스트 맵(Context map) d. 고객여정 지도(Customer journey map) e. 기회 지도(Opportunity map)
3. 아이디어 도출 단계 a. 아이디어/개념 b. 스케치 c. 우선순위 지도(Prioritisation map) d. 친화도 맵(Affinity map) e. 아이디어 평가표(Idea evaluation)	4. 프로토타입 제작 단계 a. 물리적으로 제작된 프로토타입 b. 와이어프레임(Wireframe) c. 스토리보드(Storyboards)
5. 테스트 단계 a. 사용자 피드백 목록 b. 관찰내용(Observation) c. 평가표(Evaluation map) d. 개선요구사항(Proposed refinement)	

디자인 실행 계획의 다섯 가지 특징 – 요약

특징	여러분이 기대하는 것	여러분에게 요구되는 것
1. 단순한 브레인스토밍이 아니다.	시간이 지남에 따라서 각 단계의 활동을 적극적으로 수행한다.	각 단계의 활동이 즉각적으로 수행되지 못하더라도 인내하고 준비하자.
2. 반복적으로 작업한다.	명확하게 이해될 때까지 아이디어/개념을 발견하는 과정을 반복한다.	처음으로 아이디어 또는 개념을 발견했다고 거기서 중단하지 말자.
3. 발산적 사고와 수렴적 사고 과정이 모두 포함된다.	어떤 단계에서 발견한 아이디어와 가능성이 다른 단계에서는 해결책의 실마리가 되므로, 계속해서 모색한다.	각 단계마다 서로 다른 사고방법을 시도해보자.
4. 협업이 필요하다.	모든 이해관계자들이 전 과정을 함께 한다.	전 과정을 모든이들에게 공개하고 동참하도록 하자. 각자의 경험과 지식이 도움된다.
5. 각 단계에서 산출물들이 만들어진다.	각 단계에서의 평가기준이 된다.	각 단계에서 산출물들을 문서화하자.

활동

디자인 작업을 시작할 준비가 되었나?

여러분이 생각하는 이상적인 웨어러블 기술(Wearable Technology)을 활용하여 디자인 하시오.

디자인 실행 계획의 5단계

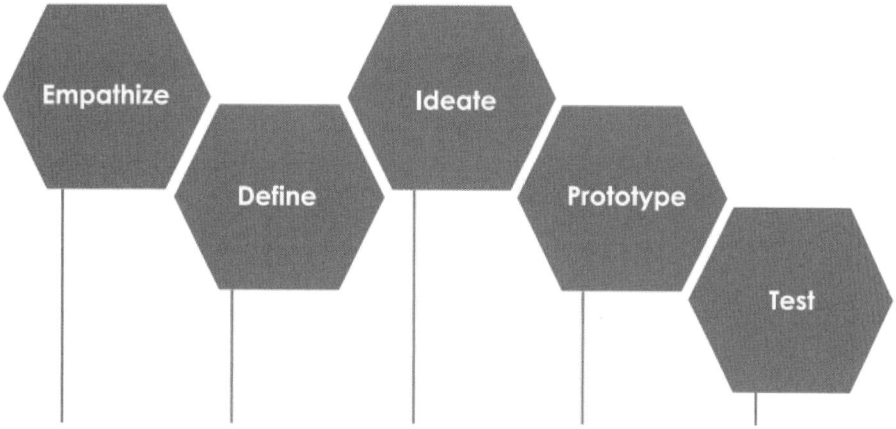

고객들과 사용자들을 이해한다. / 프로젝트 또는 비즈니스의 목표를 정의한다. / 아이디어 또는 해결책을 모색한다. / 아이디어 또는 해결책을 제작/가시화한다. / 검토하고 의사결정한다.

디자인 실행 계획의 5단계 – 각 단계마다 목표와 활동, 도구, 산출물이 규정되어 있다. 이 장의 나머지 부분에서는 아래의 5개 단계들에 대하여 상세히 설명하도록 한다.

- 공감(Empathize) – 고객들 또는 사용자들을 이해
- 문제정의(Define) – 프로젝트 또는 비즈니스의 목표를 정의
- 아이디어 도출(Ideate) – 아이디어 또는 해결책을 모색
- 프로토타입(Prototype) – 아이디어 또는 해결책을 제작/가시화
- 테스트(Test) – 검토 및 의사결정

또한, 디자인 사고를 익히기 위한 예제로서 웨어러블 기술을 활용한 디자인 작업을 실시하도록 한다. 이를 위하여, 디자인 실행계획 프레임워크와 함께, 몇가지 설명과 도구들, 그리고 기본적인 산출물 템플릿들을 제공할 것이다.

각 단계에서 능동적으로 민첩하게 활동할 수 있도록 노력하기 바란다. 각 단계를 경험하면서, 디자인 사고 과정에서 무엇을 요구하고 무엇이 필요한지에 관한 아이디어를 얻게 될 것이다. 주어진 제한시간을 초과하지 않도록 노력하기 바란다.

디자인 사고 5단계 요약

단계	활동	사용하는 도구	산출물
1. 공감	사용자 인터뷰 비공식적인 대화 관찰 미행 미스터리 쇼핑[1] 사진촬영 몰입(immersion)	인터뷰 체크리스트 관찰 체크리스트 필기도구 플립차트[2] 및 종이 카메라	페르소나 공감 지도 사용자 피드백 목록 발견해낸 문제들
2. 문제 정의	워크숍 이해관계자 회의	그림 그리기 도구와 필기도구 포스트 잇 플립차트/화이트보드 사용자 피드백(공감단계의 산출물)	디자인 의뢰서 이해관계자 지도 컨텍스트 맵 고객여정지도 기회 지도
3. 아이디어 도출	아이디어 도출 활동 브레인스토밍 워크숍 마인드맵 제작 스케치/그림 그리기	그림 그리기 도구와 필기도구 포스트 잇 플립차트/화이트보드 페르소나(공감단계의 산출물) 디자인 의뢰서(문제정의 단계의 산출물) 브레인스토밍 도구	아이디어/개념 스케치 우선순위 지도 친화도 맵 아이디어 평가표
4. 프로토타입	공간적 프로토타입 제작 물리적 프로토타입 제작 종이 구조물 제작 와이어프레임 제작 스토리보드 제작 역할극 제작	종이 카드보드 제작 재료들 자르기 도구 및 필기도구 공간 (역할극에서 사용할) 소품	물리적으로 제작된 프로토타입 와이어프레임 스토리보드
5. 테스트	사용자 대상 테스트 관찰 사진촬영 평가 토의	브리핑 체크리스트 인터뷰 체크리스트 관찰 체크리스트 테스트 대상이 되는 프로토타입 (프로토타입 단계의 산출물)	사용자 피드백 목록 관찰내용 평가표 개선요구사항

역자주 1) Mystery shopping. 서비스나 품질 등에 대한 정보를 캐려고 상점 등에 손님으로 가장하여 방문하거나 전화를 거는 행위. 미스터리 쇼핑은 고객의 관점에서 서비스/제품에 대한 객관적인 평가가 가능하고 전반적인 서비스 프로세스의 취약점 및 우위 등에 대해 고객의 관점에서 점검이 가능하여 서비스의 품질을 측정하고 지속적으로 향상시키고자 하는 많은 기업과 기관들이 도입하고 있다.

역자주 2) flipchart. 강연 등에서 뒤로 한 장씩 넘겨가며 보여주는 큰 차트

1. 공감 단계

목표 :

공감 단계는 디자인 사고 과정의 첫번째 단계이다. 공감 단계에서는 다른 사람들, 최종 사용자들, 해결해야 하는 문제 자체 등으로부터 배운다는 마음가짐으로 몰입할 필요가 있다.

해당 분야의 전문가들과 다른 주요 이해관계자들과 대화하도록 하라. 심지어는 조사활동이나 인터뷰도 시도해야 한다. 이러한 경험들을 토대로 배경지식을 익혀서 통찰력(식견)을 발판삼아서 디자인 사고 과정에 도전하는 것이 공감단계의 목표이다.

활동 :

사용자 인터뷰
비공식적인 대화
관찰
미행
미스터리 쇼핑
사진촬영
몰입(immersion)

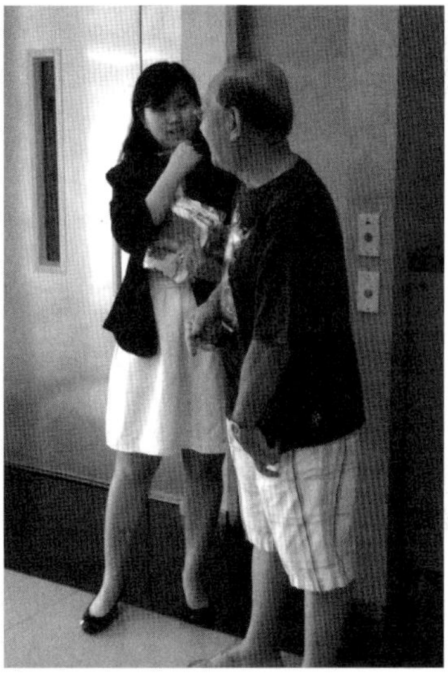

비공식적인 대화

사용하는 도구 :

인터뷰 체크리스트
관찰 체크리스트
필기도구
플립차트 및 종이
카메라

산출물 :

페르소나
공감 지도
사용자 피드백 목록
발견해낸 문제들

사용자 인터뷰

간단한 공감 활동 연습 : [14분]

웨어러블 기술을 이용한 디자인을 위해서 아이디어를 도출하기에 앞서, 사용자를 이해하기 위한 공감 단계의 활동을 수행한다.

여러분의 파트너에게 유용하고 의미있는 웨어러블기기를 디자인 하시오.

❶ 파트너에게 어떤 질문을 할 것인가? 아래에 목록으로 만들어 보라.

- 직업이 무엇이며 어떤 스타일로 생활하는가? 어떤 기기와 기술을 사용하고 있는가?
- 여행하거나 외출할 때 어떤 정보가 필요한가?
- 그런 정보가 왜 필요한가?
- 여행하거나 외출중에 어떤 문제점들과 마주치게 되는가?
- …… 언제인가?
- …… 어디서인가?
- …… 누구인가?
- 어떻게… ?
-
-
-
-

❷ 파트너의 반응을 노트에 기록하시오(기억해야 할 사항 : 파트너의 언행을 관찰하고 경청하고 공감한다).

❸ 페르소나 / 공감지도를 제작하시오.

사용자 피드백 양식
공감 단계의 산출물

대상인물을 관찰하고 경청하여 그 결과내용을 기입하여 완성함으로써, 대상인물을 공감한다.

고객 프로필 :

질문내용 :

질문 목록	왜 이와 같은 질문을 하나?

사용자 피드백 :

관찰내용과 피드백	통찰/활동

페르소나 양식

공감단계 산출물

사용자들이 누구인지 공감해보도록 한다.

이름 :

프로필/라이프스타일 :

성격 :

목표/야망 :

행동/버릇 :

두려움/도전 :

영향받은 사람/취미

공감지도 양식

공감단계 산출물

사용자들이 어떻게 생각하고 느끼는지 공감해 보도록 한다.

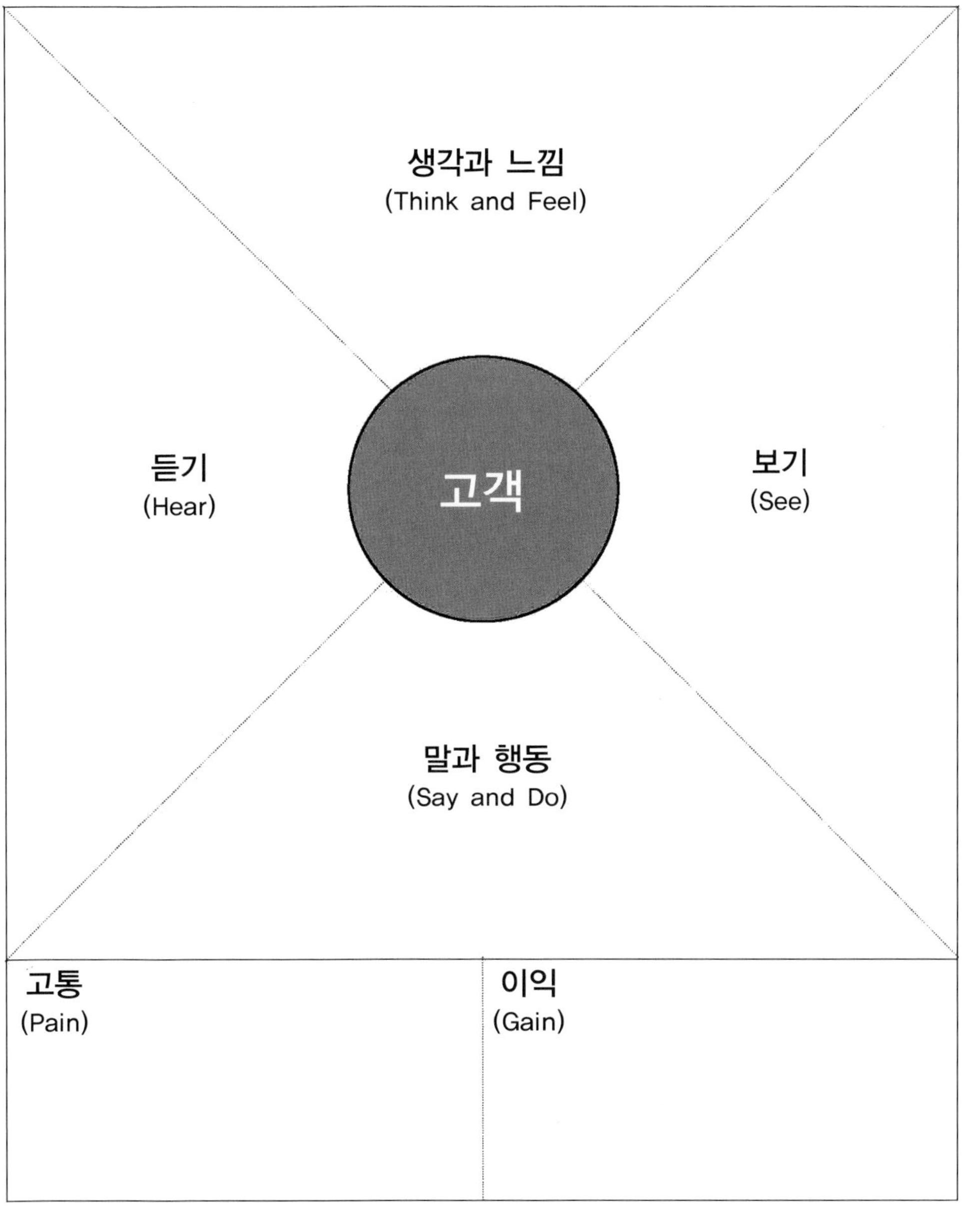

2. 문제정의 단계

목표 :

문제정의 단계는 공감 단계에서 획득한 통찰(insight)로부터 의사결정을 수행하는 수렴적 사고 단계이다. 프로젝트와 관련된 이해관계자들 또는 프로젝트 멤버들에게 올바르고 중요한 질문들을 수행함으로써 문제를 명확하게 한다. 호기심을 갖고 관련 사항들이나 사물들을 밝혀내도록 하자. 현재의 상황에 도전해보자. 문제를 더 복잡하게 만들 수도 있다(요령있게 작업하도록 하라. 잘못하면 적을 만들 수도 있다).

통찰을 기반으로 하여, 다음과 같이 질문하도록 한다.

- 해결해야 할 문제가 무엇인가?
- 우리들이 지향하는 곳은 어디인가?
- 도움을 줄 대상자는 누구인가?
- 가치 제안 요소(value proposition)는 무엇인가?
- 우리들은 어떤 상황에 있나?
- 어떻게 그 일(그 것)이 발생했나?

활동 :	사용하는 도구 :	산출물 :
워크샵	그림 그리기 도구와 필기도구	디자인 의뢰서
이해관계자 회의	포스트 잇	이해관계자 지도
	플립차트/화이트보드	컨텍스트 맵
	사용자 피드백(공감단계의 산출물)	고객여정지도
		기회 지도

이해관계자 회의

간단한 문제정의 활동 연습 : [14분]

디자인 의뢰서를 경영진에게 제시하기 전에, 문제를 정의하고 설명할 시간이 필요하다. 사물이 명확하게 정의될수록 경영진이 기회와 문제를 인식하기 수월해진다는 점을 기억하라.

경영진에게 제시하기 위하여, 웨어러블 기술에 관한 비즈니스 사례를 정의하시오.

❶ 파트너의 라이프스타일과 요구사항에 대한 통찰

❷ 파트너가 여행하거나 외출 중에 직면하고 있는 문제들에 대한 통찰

❸ 여러분이 해야할 일을 어떻게 제안할 것인지 아래와 같은 형식으로 작성해 보시오.

나는 (**타깃이 되는 고객**)을/를 위하여 디자인 할 것이다. 그 고객은 (**고객의 요구사항**)와 같은 요구사항을 가지고 있다. (**웨어러블 기술 이름**)은 (**한가지 핵심적인 장점/이점**)을 가지고 있다. 왜냐하면 (**한가지 핵심적인 이유**)이기 때문이다.

❹ 자신이 속한 그룹의 구성원들과 함께, 이해관계자 지도/컨텍스트 지도/고객여정지도/기회 지도 중에서 어느 한가지에 대해서 토론하시오.

❺ 디자인 의뢰서를 작성하시오.

디자인 의뢰서 양식
문제정의 단계 산출물

디자인 작업의 목적과 요구사항을 포함하여 프로젝트를 정의한다.

이용자 인식 / 피드백

문제정의문

디자인 목표 및 목적

디자인 요구사항

- 우리가 디자인해야 하는 프로젝트 또는 서비스는 … 해야만 한다.
-
-
-
-

이해관계자 지도(Stakeholder Map) 양식

문제정의 단계 산출물

각 이해관계자들의 역할들과 상호 관계를 파악하여 프로젝트를 정의한다.

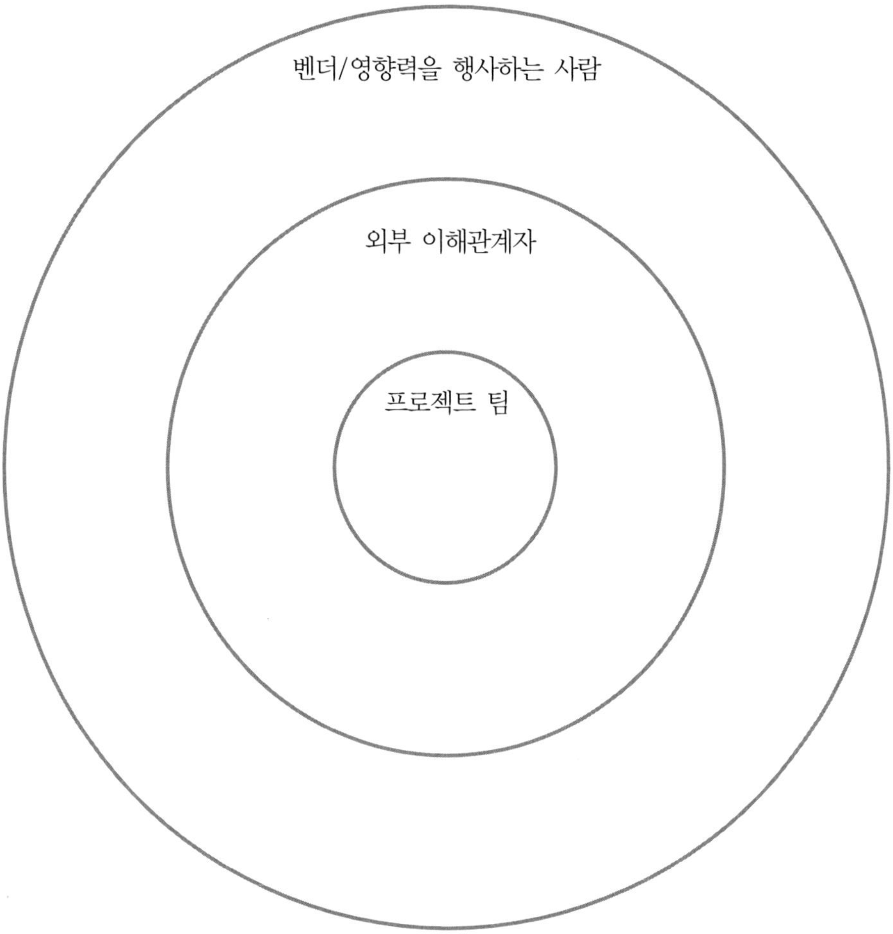

고객여정지도(Customer Journey Map) 양식

문제정의 단계 산출물

고객의 행동경로/여정을 파악하여 프로젝트를 정의한다.

활동단계					
고객 실행					
접점 (상품이나 서비스가 고객과 만나는 접점)					
생각					
감정	+ -				
백엔드과정					

켄텍스트 맵(Context Map) 양식
문제정의 단계 산출물

디자인 작업의 의도를 둘러싸고 있는 주변 결정요소들을 이해함으로써 프로젝트를 정의한다.

대상 사용자 / 사용자 요구사항

기술 요소

비즈니스 요소

트렌드

불확실성

그 밖의 질문?

그 밖의 질문?

그 밖의 질문?

기회지도(Opportunity Map) 양식
문제정의 단계 산출물

기회요소들을 파악하여 프로젝트를 정의한다.

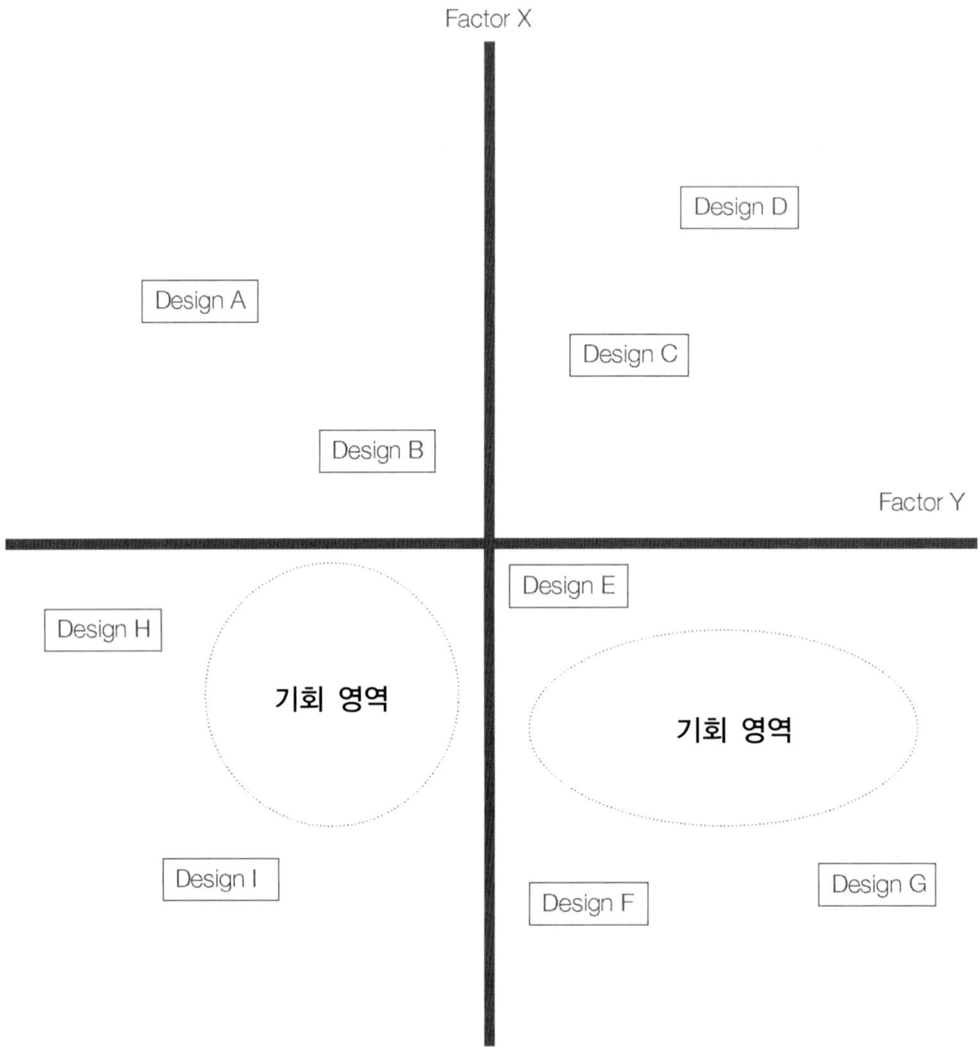

3. 아이디어 도출 단계

목표 :

아이디어 도출 단계는 디자인 사고 과정에서 가장 중요하고 핵심적인 단계이다. 독창적으로 생각하도록 노력하고 수많은 아이디어들을 브레인스토밍하도록 한다. 도출해낸 아이디어들과 해결책들에 대한 판단은 모두 뒤로 미루어 두도록 한다. 어떠한 아이디어도 터무니 없지 않다. 누구의 아이디어도 거부되어서는 안 된다. 아이디어 도출은 창조적이고 재미있는 작업이다.

질보다는 양을 중시하라. 한번의 작업에서 수백 가지 아이디어를 도출할 수도 있다. 미래의 불가능성에 대한 도전과 상상력을 발휘해보도록 노력하라.

활동 :	사용하는 도구 :	산출물 :
아이디어 도출 활동	그림 그리기 도구와 필기도구	아이디어/개념
브레인스토밍	포스트 잇	스케치
워크숍	플립차트/화이트보드	우선순위 지도
마이드맵 제작	페르소나(공감단계의 산출물)	친화도 맵
스케치/그림그리기	디자인 의뢰서(문제정의 단계의 산출물)	아이디어 평가표
	브레인스토밍 도구	

포스트 잇을 사용한 브레인스토밍

간단한 아이디어 도출 활동 연습 : [7분]

제7장에서 아이디어 도출에 관한 기법을 구체적으로 익히게 될 것이다. 여기서는 간단하게 웨어러블 관련 문제에 대한 아이디어 도출 작업을 연습해본다.

❶ 디자인 의뢰서를 토대로 혁신적인 아이디어를 5개 정도 스케치하시오.

❷ 우선순위 지도/친화도 맵/아이디어 평가표 양식을 사용하여, 도출한 아이디어들에 대해서 우선순위 설정/분류체계화/평가를 수행하시오.

우선순위 지도(Prioritisation Map) 양식
아이디어 도출 단계 산출물

혜택과 실현 편의성을 토대로 우선순위를 설정함으로써 아이디어들을 조직화한다.

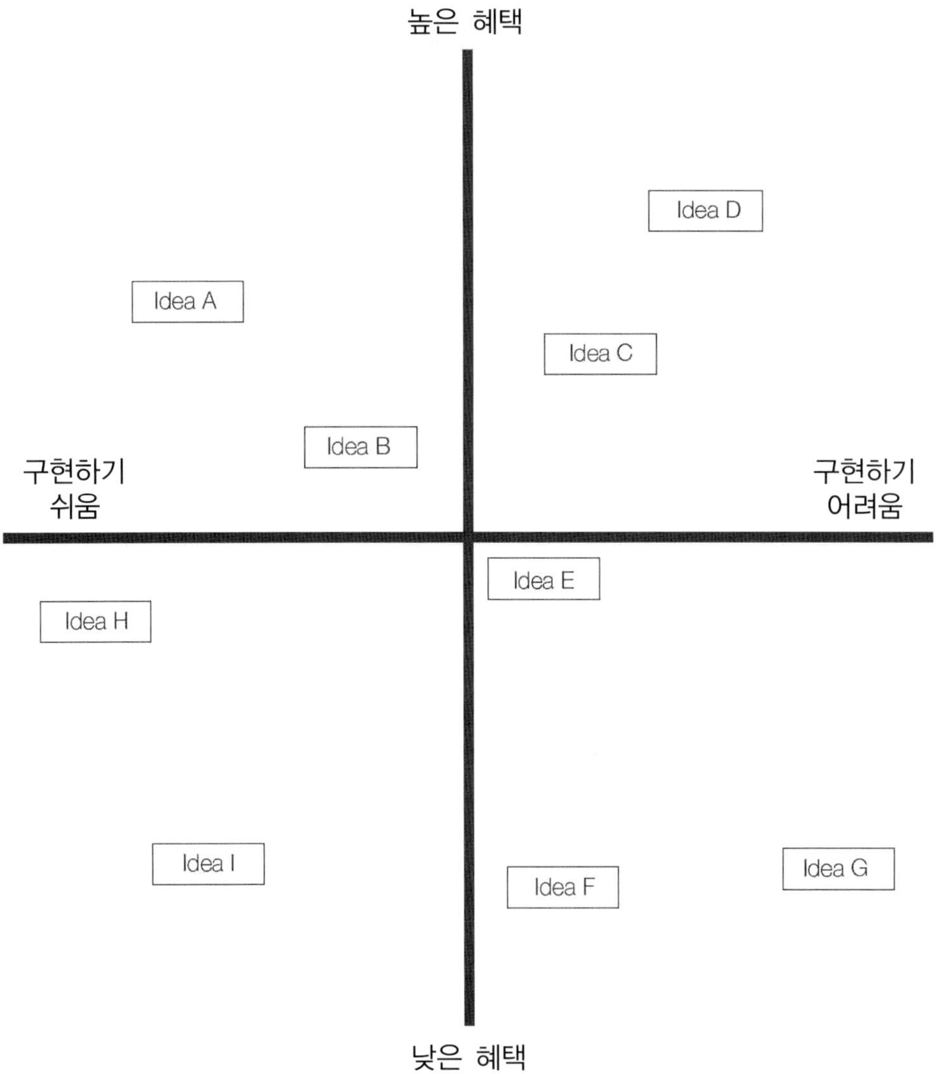

친화도 맵(Affinity Map) 양식
아이디어 도출 단계 산출물

보다 넓은 범위로 그룹핑하여 아이디어들을 조직화한다.

포스트 잇에 아이디어를 기입하여 무작위로 붙인다.

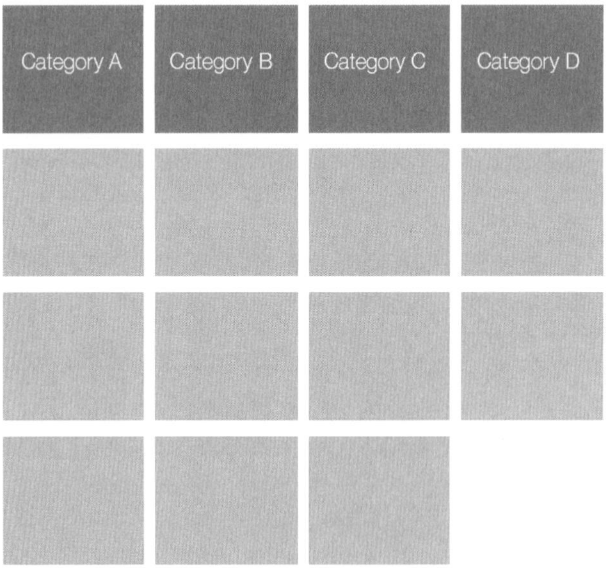

아이디어를 카테고리화하여 그룹으로 나눈다.

아이디어 평가표 양식
아이디어 도출 단계 산출물

평가기준을 토대로 아이디어를 평가하여 아이디어들을 조직화한다.

평가 기준	아이디어 A	아이디어 B	아이디어 C	아이디어 D
고객 영향	+ –			
사업 영향	+ –			
잠재적 개선점	+ –			
실행가능성	+ –			
혁신성	+ –			
기타	+ –			

4. 프로토타입 제작 단계

목표 :

프로토타입 제작은 디자인 사고 과정에서 가장 활기넘치고 빠르게 진행되는 단계이다. 프로토타입은 종이로 만든 모델, 스토리보드, 와이어프레임, 골판지 상자 등으로 만들어질 수 있으며, 도출된 여러가지 아이디어/개념들을 재빠르게 가시화하여 최적의 해결책을 찾아내는 역할을 한다. 프로토타입은 아이디어를 신속하게 전달하는 것이 제일 중요하므로, 정교함에 관해서는 문제삼지 않는다.

프로토타입을 제작하면서 여러가지 배움을 얻게 되고, 특히 조기에 빈번하게 실패해보는 것이 더 큰 배움을 얻게 된다는 사실을 깨닫게 될 것이다.

활동 :

공간적 프로토타입 제작
물리적 프로토타입 제작
종이 구조물 제작
와이어프레임 제작
스토리보드 제작
역할극 제작

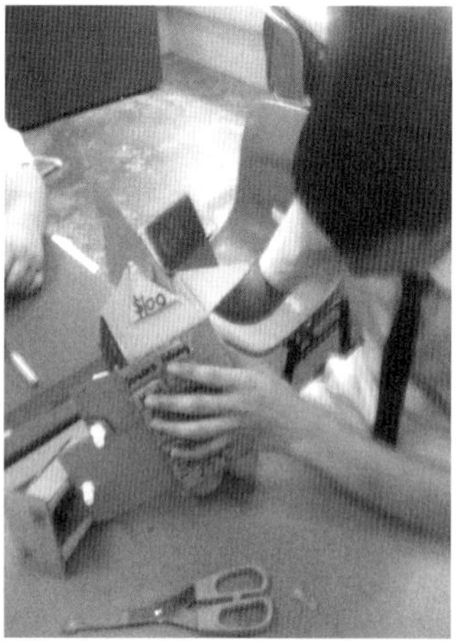

도형을 사용한 실험

사용하는 도구 :

종이
카드보드
제작 재료들
자르기 도구 및 필기도구
공간
(역할극에서 사용할) 소품

산출물 :

물리적으로 제작된 프로토타입
와이어프레임
스토리보드

골판지를 사용한 상황극 연출

간단한 프로토타입 제작 활동 연습 : [30분]

프로토타입 제작은 재미있는 활동이다. 아이디어를 가시화하여 피드백을 얻어내고 감명을 받아낼 수 있도록 프로토타입을 만들어보자.

피드백을 얻어낼 수 있도록 아이디어에 대한 프로토타입을 만드시오.

❶ 주변의 재료들(종이, 빨대, 골판지, 포스트 잇 등)을 사용하여 웨어러블 기기에 대한 아이디어를 프로토타입으로 제작하시오. 상상했던 아이디어를 가시화하는 것이 프로토타입 제작에 있어서 가장 중요한 사항이다.

❷ 파트너 또는 일반 사용자들에게 프로토타입을 제시하고 피드백을 구하시오.

질문사항 :

- 이 프로토타입에 대해서 어떻게 생각하는가?
- 이 프로토타입을 어떻게 사용할 생각인가?
- 이 프로토타입을 개선한다면 어떻게 개선하면 좋겠는가?
- 이 프로토타입은 여러분의 요구사항을 충족하고 있는가?
-
-
-
-

피드백 :

물리적으로 제작된 프로토타입
– 프로토타입 제작 단계 산출물(예)

골판지, 종이, 기타 재료들을 사용하여 물리적 공간이나 제품의 프로토타입을 제작한다.

와이어프레임
– 프로토타입 제작 단계 산출물(예)

종이 와이어프레임을 사용하여 온라인/모바일 인터랙션 디자인에 대한 프로토타입을 제작한다.

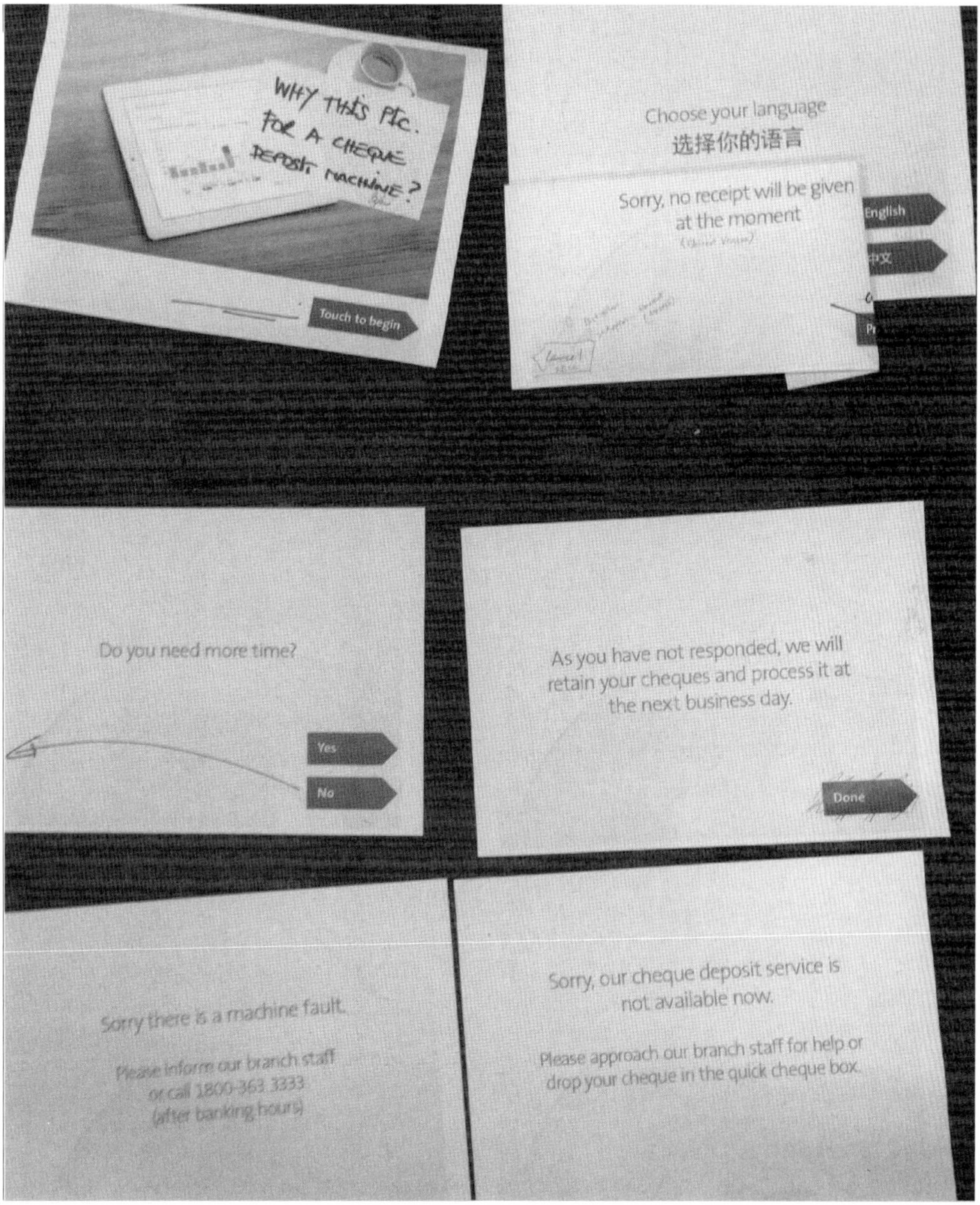

스토리보드
– 프로토타입 제작 단계 산출물(예)

스토리보드 또는 상황극 등을 이용하여 서비스 또는 사용자경험과 관련된 프로토타입을 제작한다.

Scane 1	Scane 1	Scane 1
Dialogue	Dialogue	Dialogue
Action	Action	Action

5. 테스트 단계

목표 :

테스트는 디자인 사고 과정에서 반복되는 단계로서, 프로토타입에 대한 엄격한 테스트를 토대로 피드백을 제공해준다. 테스트의 목적은 프로토타입의 어느 부분이 의도한대로 동작하는지 또는 동작하지 않는 부분은 무엇인지를 파악하여 다시 반복할 수 있도록 하는 것이다. 즉, 사용자들로부터의 피드백(테스트 결과)을 토대로, 프로토타입을 개선한다. 테스트 작업에 의해서 디자인 사고 과정의 필수 핵심부분(사용자에 대한 공감과 요구사항에 대한 디자인작업)으로 다시 되돌아갈 수 있게 된다.

활동 :	사용하는 도구 :	산출물 :
사용자 대상 테스트	브리핑 체크리스트	사용자 피드백 목록
관찰	인터뷰 체크리스트	관찰내용
사진촬영	관찰 체크리스트	평가표
평가	테스트 대상이 되는 프로토타입	개선요구사항
토의	(프로토타입 단계의 산출물)	

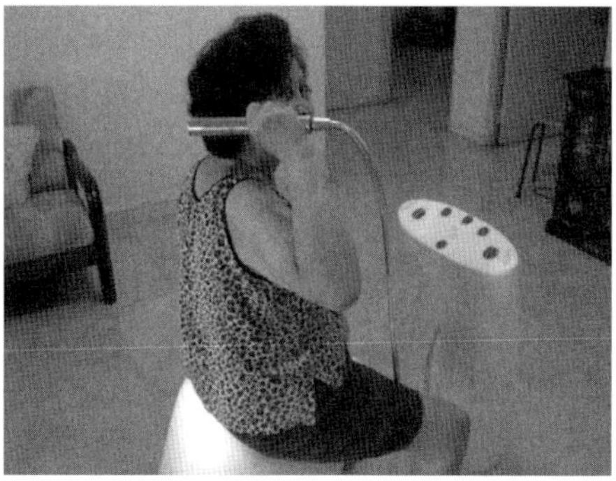

프로토타입을 사용한 인터뷰와 테스트

간단한 테스트 활동 연습 : [14분]

제작완료된 프로토타입을 사용자들에게 테스트해보자.

웨어러블 기기 문제에 대한 여러 개의 프로토타입이 제작되었을 것이다. 사용자들을 대상으로 테스트를 실시해 보도록 한다.

❶ 사용자들에게 프로토타입을 보여주고, 프로토타입이 추구하는 아이디어를 사용자들이 이해하고 깨달을 수 있도록 하자.

❷ 사용자들에게 질문할 내용을 생각해보고, 사용자들로부터 피드백을 얻어내시오(비판의 목소리를 두려워하지 말라!).

아이디어에 대한 피드백 / 개선요청사항 :

❸ 프로토타입(또는 아이디어)을 평가한다.

사용자 피드백 양식
- 테스트 단계 산출물

사용자들로부터 피드백을 얻어낼 수 있도록 프로토타입을 테스트 하시오.

고객 프로파일 / 배경지식

개념 / 프로토타입의 장점

개념 / 프로토타입의 단점

기타 피드백 사항

프로토타입 평가표 양식
– 테스트 단계 산출물

여러개의 평가 기준들을 사용하여 프로토타입들을 평가하시오.

평가기준	프로토타입 A	프로토타입 B	프로토타입 C	프로토타입 D
기능성				
가격				
예술성				
사용편의성				
유지보수성				
기타				

요점정리

❶ 디자인 사고 실행 계획은 디자인 사고 과정을 수행하는 실행 단계들이 포함된 프레임워크이다.

❷ 디자인 사고 실행 계획은 다음과 같은 5단계로 구성된다.

1. 공감
2. 문제 정의
3. 아이디어 도출
4. 프로토타입 제작
5. 테스트

❸ 디자인 사고 실행 계획에는 5가지 특징들이 있다.

❹ 각 단계에서는 구체적인 목표와 활동, 도구, 산출물들이 규정되어 있다. 각 활동들과 산출물들에 대해서는 제3장부터 상세히 설명하도록 한다.

제3장

다섯 가지 마음가짐(Mindsets)

"미친짓이란 똑같은 것을 반복하고 또 반복하면서
다른 결과를 기대하는 것을 말한다."

– 아인슈타인(Einstin), 발명가

Chapter

03 | 다섯 가지 마음가짐(Mindsets)

디자이너들은 그들의 디자인 프로세스에 대해서는 공유하지만 마음가짐(Mindset)이나 프레임워크가 어떻게 동작하는가에 대해서는 공유하지 않는다.

왜 그럴까?

디자인 사고는 너무 오랫동안 디자이너의 몸에 배어 마치 제2의 천성처럼 되어버렸다. 이러한 성격과 습관들은 오랜 시간 동안 직업적으로 단련되고 체화되었기 때문에 디자이너들은 다른 사람도 그들과 비슷하게 생각할 것으로 짐작한다.

여러분 중 일부는 실행계획을 디자인할 때 실망감이나 혼란스러움을 느낄지도 모른다. 하지만 너무 빨리 포기 하지 말라고 조언하고 싶다. 스탠포드 대학의 심리학자 캐롤 드웩(Carol Dweek) 교수는 수십 년 간의 연구를 통해 성공이나 성취에 가장 영향을 미치는 요소를 마음가짐이라고 결론지었다.

"성장형 마음가짐"을 가지고 있는 사람들은 열심히 노력해서 능력을 키울 수 있다고 믿는다. 성공하는 사람들은 남다른 마음가짐을 가지고 있다.

다음은 디자인 사고의 5가지 마음가짐이다.

1. 사용자를 우선으로 생각하라.
2. 올바른 질문을 하라.
3. 여러분이 그릴 수 있다고 믿어라.
4. 탐험을 주저하지 말라.
5. 프로토타입을 이용해 테스트 하라.

이상의 마음가짐은 다섯 가지 실행 단계와 밀접하게 연관되어 있기는 하지만 각 실행 단계와 혼돈해서는 안 된다. 전체 디자인 프로세스를 제대로 실행해 나가기 위해서는 각각의 단계에서 한 가지 마음가짐이 아닌 다섯 가지 마음가짐 모두가 필요하다.

적절한 마음가짐 없는 실행 계획은 단지 이론일 뿐이다.

다섯 가지 마음가짐의 요약

마음가짐	필요한 단련	지향점	지양점
1. 사용자 먼저 생각하기	**생각하기**-디자인 할 때 사용자의 니즈를 최우선으로 생각하도록 두뇌를 훈련	• 고객의 입장이 되어 보기 • 사용자 및 이해관계자에 대한 공감	고객에 대해서 모든 것을 알고 있으며 비즈니스 니즈를 최우선으로 삼기
2. 올바른 질문하기	**말하기**-프로젝트 깊숙한 곳에 놓여 있는 이슈를 발견하기 위한 질문	• 관례를 깨는 도전 • 상사에게 올바른 질문하기	경영진의 의사결정 및 관례에 따르기
3. 그릴 수 있다고 믿기	**믿기**-고객에 대한 당신의 아이디어를 그리고 실행가능하다는 믿음	• 이메일 대신 그림이나 스케치 그리기 • 혼자 일하지 말고 다양한 미팅에 참석하여 협업하기	타인이 당신의 그림 실력을 비평할까 두려워하기
4. 아이디어 창출의 확신	**느낌**-문제를 해결할 수 있는 혁신적인 아이디어를 찾고 탐색하는 마음	• 큰 그림을 보고 총체적으로 생각하기 • 새로운 아이디어를 일반화하고 공유하는 것을 두려워하지 않기	한가지 솔루션으로 충분하다는 생각
5. 테스트를 위한 프로토타입	**행동**-프로토타입을 통해 사용자와 함께 실현가능한 아이디어 창출	• 목표에 접근하기 위한 대안 찾기 • 기꺼이 초기에 자주 실패해 보기	프로토타입이나 테스트 없이 솔루션 실행하기

디자인 사고가의 구조

스탠포드의 캐롤 드웍교수는 그녀의 저서『*In Mindset : The new Psycology of Success*』에서 의식의 영역 및 무의식의 영역에서 우리의 믿음이 우리 자신이 누구인지를 만들어주고 우리가 하고 있는 모든 일에 영향을 미친다고 주장한다.

"20년 간의 연구를 통해서 제가 말할 수 있는 것은 여러분이 자신을 바라보는 시각에 의해 여러분의 인생이 바뀐다는 점이다. 여러분의 생각에 따라 여러분이 원하는 사람이 될 수도 있고 여러분이 가치를 부여하고 있는 어떤 일을 성취할 수도 있다. 어떻게 이런 일이 가능할까? 어떻게 단순한 믿음이 여러분의 심리를 변화 시키고 그 결과 여러분의 인생도 변화 시킬까?"

여러분의 마음가짐은 여러분이 어떻게 **생각하고, 말하고, 느끼고, 믿고, 행동하는가**에 영향을 미친다. 그리고 이것들은 결국 여러분의 특성과 습관이 되고, 여러분의 직업적인 생활방식이 된다.

전문 디자인 사고가 또는 디자이너가 아니더라도 여러분의 업무에 디자인 사고를 적용할 수 있다.

다섯 가지 마음가짐을 통해 여러분은 디자인 사고가의 전체적인 시야를 가질 수 있고 디자이너처럼 생각하고, 말하고, 느끼고, 믿고, 행동할 수 있다.

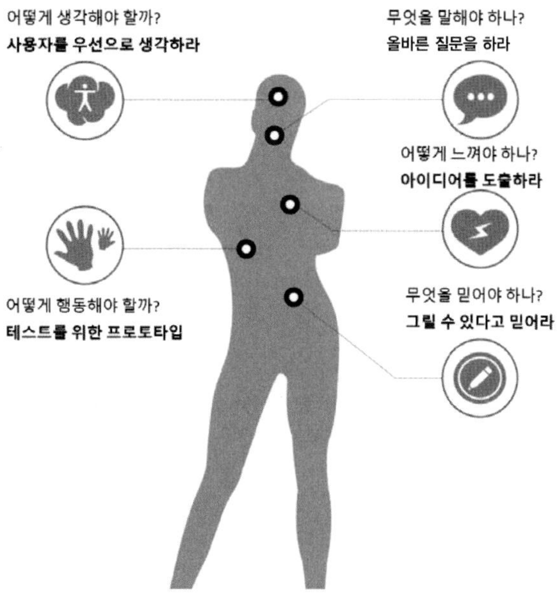

마음가짐 1 – 사용자를 우선으로 생각하라(어떻게 생각해야 할까?)

신뢰성 있고, 직관적이며, 사용하기 쉬워서 설명서를 읽어볼 필요도 없는 제품을 사용해본 적이 있는가? 여러분의 기대에 부응하거나 오히려 그 기대를 뛰어 넘는 제품을 사용해본 적이 있는가?

수 많은 디자인 사고를 통해서 이런 제품들이 탄생한다. 디자인 팀은 그들이 실제 소비자가 된 것처럼 생각하고, 제품의 여러가지 측면에서 매우 많은 시간들을 베타 테스트에 투자한다.

요구 사항 :

사용자를 먼저 생각하는 마음가짐을 단련해야 한다. 모든 프로젝트의 디자인 사고가들은 디자인 결정 단계에서 최종 소비자 또는 고객을 그 무엇보다 먼저 생각해야 한다.

지향해야 할 점 :

- 고객 또는 최종 사용자가 어떻게 생각할 것인지 끊임없이 질문하기
- 고객 또는 최종 사용자의 입장에서 모든 디자인 결정을 다시 검토하기
- 고객의 입장이 되어 보기
- 최종 사용자와 끊임없이 소통하기
- 고객의 이익을 증대시키기 위해서 한 발 먼저 자발적으로 행동하기
- 사업적 목표가 아닌 고객의 문제를 해결하는 데 집중하기

지양해야 할 점 :

- 사무실에 틀어박혀 고객과 소통하지 않기
- 고객의 피드백 무시하기
- 회사의 지시 사항을 맹목적으로 따르고, 최종 사용자/고객에 대해 생각하지 않기
- 고객의 문제를 풀기보다는 사업적 목표에 중점을 두기
- 우리가 고객을 훈련 시킬 수 있다고 생각하기

활동(보다 자세한 기술은 4장 참조)

❶ 오후에 카페나 쇼핑몰에서 시간을 보내면서 사람들이 무엇을 하는지 관찰하기, 눈길을 끄는 어떤 것이 있다면 적어보기

❷ 친구와 대화를 나누며 그들이 어떻게 일하고 어떤 문제에 직면해있는지 알아보기, 그리고 그의 피드백을 적어보기

"무엇보다 고객과 하나가 되어라.
그들이 승리할 때 승리한다.
오직 그들이 승리할 때만 승리할 수 있다."

– 제프 베조스(JEFF BEZOS). 성공한 비즈니스 기업가

마음가짐 2 – 올바른 질문을 하라(무엇을 말해야 하나?)

유명한 요리사이자 TV 진행자인 앤쏘니 보데인(Anthony Bourdain)은 그의 베스트 셀러 『*Kitchen Confidential*』에서 그의 멘토인 일명 “Bigfoot”에 대해 언급했다.

Bigfoot은 많은 시간들을 그의 바와 식당이 효율적으로 운영될 수 있을지에 대해 고민하고 또 고민한다. 예를 들어 체크리스트에 명시된 모든 아이템을 창고에 순서대로 나열하였다. 또한 그는 싱크대 옆에 온수 호스를 설치해서 직원들이 얼음을 더 빨리 담고 녹일 수 있게 했다.

올바른 질문을 통해서 그는 이런 일을 해낼 수 있었다.
“어떻게 해야 직원들이 좀 더 생산적이 될까? 어떻게 해야 더 빠르고, 좋고, 효율적으로 만들 수 있을까?”

요구사항 :

올바른 질문을 하기 위한 훈련이 필요하다. 모든 프로젝트에서 디자인 사고가는 올바른 질문을 통해서 프로젝트와 관련된 이해관계자와 팀 구성원들이 프로젝트의 목표를 잘 이해하고 정의할 수 있도록 도와야 한다. 최종 사용자에게 올바른 질문을 하여 숨겨져 있던 이슈와 문제점을 해결하도록 도울 수 있다.

만약 올바른 질문을 할 만큼의 통찰력이 없다면 프로젝트는 느려지고 비효율적이 될 것이다. 또한 효과적이고 의미가 있을 만한 성과를 보이지도 못할 것이다.

지향해야 할 점 :

- 고착되어 있는 현재 상태와 일을 처리하는 통상적인 관례를 깨는 도전해 보기
- 상사에게도 올바른 질문을 할 수 있어야 함
- 어떻게 일이 진행되는지에 대해 호기심을 느끼고 답을 찾아내기
- 원인 밑에 숨어 있는 동기(motivation) 찾아내기

지양해야 할 점 :

- 질문 없이 맹목적으로 상사의 결정에 동의하기
- 어떠한 논의 없이 기존의 제약사항, 관례에 동의하기
- 다른 사람들의 의견에 휩쓸려 동의하기
- 사용자/고객이 왜 그런 대답을 했는지 생각하지 않기

활동(보다 자세한 기술은 5장 참조)

프로젝트가 주어질 때마다 최소한 다음의 다섯 가지의 질문을 통해 질문능력을 단련할 수 있도록 훈련한다. 다음으로 시작하는 질문하기

1. WHY... are we doing this? (왜 하는가?)
2. How... Should it be done? (어떻게 해야 하는가?)
3. What... Problem are we solving? (어떤 문제를 해결하고 있는가?)
4. Who... are our users? (누가 사용자인가?)
5. When... is the deadline? (언제까지 마쳐야 하는가?)

"사고가에게 가장 큰 도전은 문제에 대한 해결책을 진술하는 것이다."

– 버트런드 러셀(BERTRAND RUSSELL), 철학자

마음가짐 3 – 그릴 수 있다고 믿어라(무엇을 믿어야 하는가?)

대부분의 사람들은 시각에 의존한다. 우리는 보는 것을 통해서 정보를 가공한다. Social Science Research Network에 따르면 대략 65퍼센트의 사람들이 시각적으로 배운다.

우리가 어떤 것을 시각화할 수 있다면 우리의 이해도를 높일 수 있다.

요구사항 :

드로잉의 장점을 믿어야 한다. 모든 프로젝트에서 디자인 사고가는 그/그녀 자신이 그릴 수 있다는 사실을 믿어야 하며, 이러한 믿음은 그/그녀가 다른 이들에게 동일한 방식으로 영감을 고취시킬 수 있다.

그렇다고 피카소가 될 필요도 없고, 디자인 사고가가 되기 위해서 그림을 잘 그릴 필요도 없다.

여러분의 메시지와 스토리를 전달할 수 있을 만큼만 정확하게 시각화할 수 있으면 된다. 그림은 디자인 사고가의 언어이다.

지향해야 할 점 :

- 이메일 대신 그림이나 스케치 이용하기
- 큰 그림을 볼 수 있으며 전체적으로 생각하는 능력 키우기
- 미팅 중에 결정 사항을 보드에 시각화 하기
- 다른 사람들도 그릴 수 있게 고취하기

지양해야 할 점 :

- 그릴 생각을 하지 않기
- 타인이 그림 실력을 흉볼까 두려워 하기

활동(보다 자세한 기술은 6장 참조)

❶ 다른 사람과 의사소통을 하기 위해 이메일을 사용하는 대신 따로 약속을 잡고 만나서 종이에 그림을 그려 의사소통하기

❷ 회의 중에 현재 이슈에 대한 그림을 그려서 친구들과 선배에게 놀라움을 선사해보기. 아니면 프로세스 맵이나 제품에 대한 아이디어를 그려도 좋음.

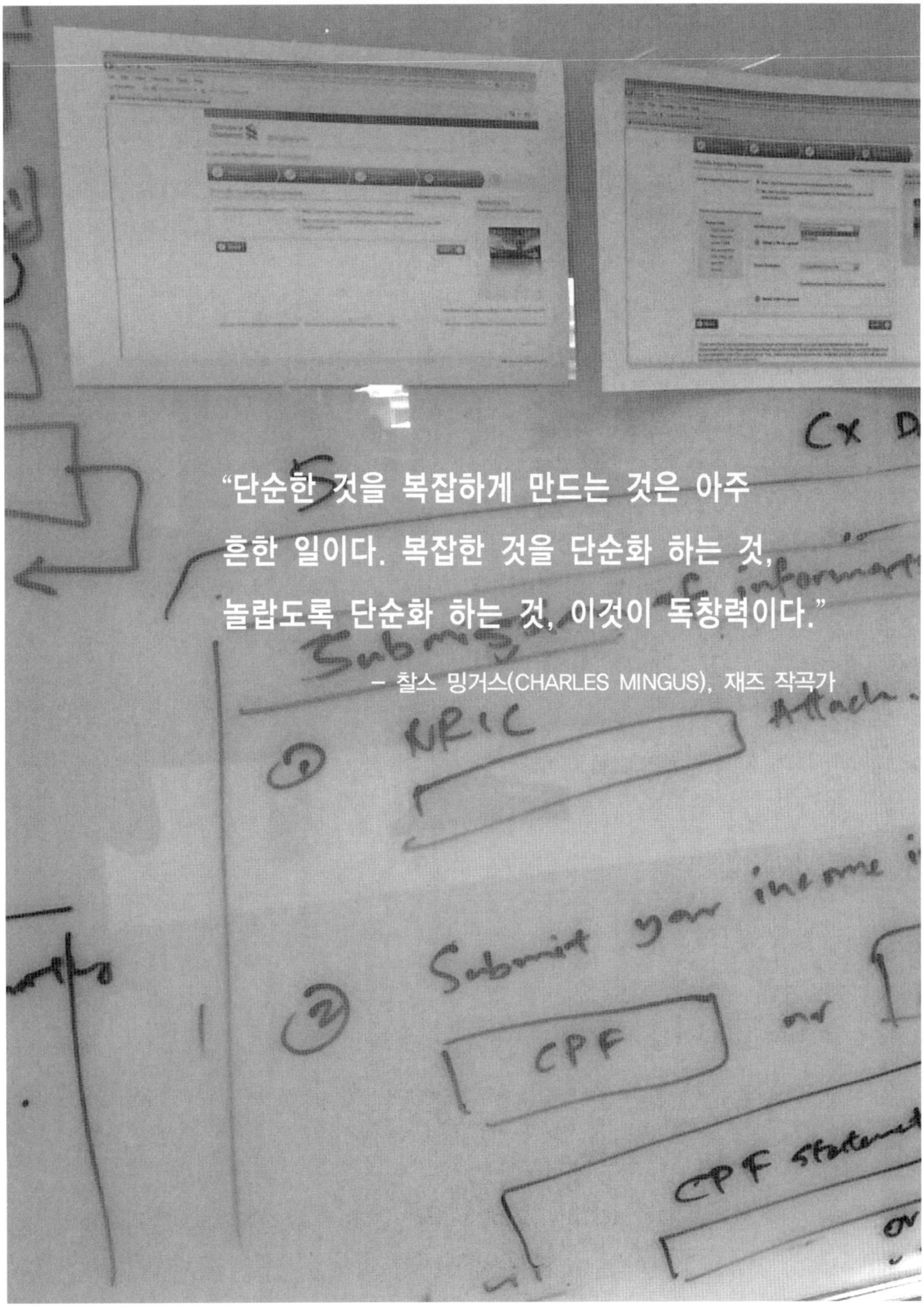

"단순한 것을 복잡하게 만드는 것은 아주 흔한 일이다. 복잡한 것을 단순화 하는 것, 놀랍도록 단순화 하는 것, 이것이 독창력이다."

– 찰스 밍거스(CHARLES MINGUS), 재즈 작곡가

마음가짐 4 - 탐험을 주저하지 말아라(어떻게 느껴야 하는가?)

그의(토마스 에디슨) 마음에는 오직 한 가지 생각만이 있었다. 모든 가능성에 대해서 다시 한 번 더 확인해 보기 - 니콜라 테슬라(Nikola Tesla)

문제 해결, 어떻게 동작하는가에 대한 애정은 디자인 사고가가 가지고 있는 놀라운 특성이다. 디자인 작업은 관리 작업이나 회계와는 다르다. 머리는 새로운 아이디어와 가능성에 대해 항상 열려 있어야 하고, 상상의 나래로 가득 차있어야 한다. 디자인 사고가의 직업은 전혀 지루하지 않다. 실제로 매우 재미있다.

요구사항

탐험할 수 있는 마음을 단련해야 한다. 모든 프로젝트에서 디자인 사고가는 아이디어를 도출하고, 다른 시각에서 해결책을 찾기 위해 다양한 관점으로 생각해야 한다. 모든 가능성을 탐색하는 것은 디자인 사고가의 핵심이고, 이것 없이 제품을 차별화시킬 수 없고, 창의성과 혁신을 이룰 수 있는 동력을 얻을 수 없다. 기본적으로 수학 문제를 푸는 것과 비슷하다.

지향해야 할 점

- 언제나 하나 이상의 정답이 있음을 상기하기
- 많은 아이디어와 개념을 만들어 내기(실현 가능성은 고려 대상이 아님)
- 팀 동료들과 끊임없이 브레인스토밍 회의하기
- 협력, 협업하기
- 다른 사람의 실수와 경험으로부터 끊임없이 배우기
- 스폰지처럼 영감(inspiration)을 흡수하기
- 다른 사람과 아이디어를 공유하기

지양해야 할 점

- 맹목적으로 상사의 결정에 따르기
- 논의 없이 기존의 제약점, 관례를 따르기
- 대세에 따르기
- 사용자/소비자의 피드백 무시하기

활동(보다 자세한 기술은 7장 참조)

❶ 해결해야 할 문제가 있을 때마다 한 가지 이상의 해결책이 있음을 상기한다. 또 다른 해결책은 있는가? 적어도 다섯 가지 이상의 해결책에 대해 생각하고 평가해보기

❷ 혼자 보다는 다른 사람과 머리를 맞대는 것이 낫다. 아이디어를 내야 하는 문제가 있을 때마다 주변 동료나 친구들과 모여서 함께 브레인스토밍 해보기

"디자이너에게 완벽이란 무엇인가를
더 넣을 여지가 없을 때가 아니라,
무엇 인가를 더 뺄 것이 없을 때 입니다."

– 안톤 드 생 떽쥐베리(ANTONE DE SAINT-EXUPERY), 작가, 시인

마음가짐 5 – 테스트를 위한 프로토타입(어떻게 행동할 것인가?)

프로토타이핑은 아이디어를 현실로 구현해준다. 아주 원초적(crude)이어도 상관 없다. 이것의 목적은 시장에 내놓을 완제품이 아닌 초기의 모형(Mockup)을 만드는 것이다.

프로토타입은 실험이고 해보면서 배우는 것이다. 프로토타입 단계에서 어떤 것이 동작하지 않는다면 싼 비용으로 실패하고 버리면 된다. 이 단계의 중요한 점은 디자인이 잘 작동하는지 테스트 하는 것이다. 문제가 있는가? 그렇다면 고쳐서 다시 해보면 된다.

요구 사항 :

프로토타입으로 테스트 할 수 있도록 꾸준히 노력하여 무엇인가가 잘못 되더라도 두려워 하지 않는다. 프로젝트에서 디자인 사고가는 말은 적게 하고 산출물은 더 많이 만들어내야 한다. 시각화를 통해서 개념과 해결책이 더 빠르고 정확하게 다른 사람들에게 전달될 수 있도록 해야 한다.

지향해야 할 점 :

- 항상 책상이나 회의 테이블에 무엇인가를 만들 수 있는 도구(tool)를 준비하기
- 모든 것을 실험으로 생각하기
- 테스트를 통해 나오는 해결책이 저렴하고 빠르다는 것을 믿기
- 프로토타입 중 너무 세부적인 것까지 신경 쓰지 않기
- 사용자의 피드백을 통해서 빠르게 제작하기
- 모든 사람이 여러분의 아이디어에 동의하지 않을 것이라는 점을 미리 인식하기

지양해야 할 점 :

- 완벽한 솔루션을 만들기 위해 너무 많은 시간을 투자하기
- 첫 시도에 실패를 두려워 하기
- 여러분의 아이디어에 대한 타인의 피드백 묻지 않기
- 테스트 없이 제품 출시를 위해 돈을 지불하기
- 최종 테스트에 모든 이슈를 넘기기
- 자신의 아이디어에 대해 너무 편향되거나 방어적 자세 취하기

활동

❶ 재료를 담아 놓을 수 있는 수레를 만들어 언제나 프로토타입을 만들 수 있도록 준비하기. 재료는 색종이, 발포고무(foam), 아이스크림 스틱, 판지(cardboard) 등과 같이 자르고 붙일 수 있는 어떤 것도 좋음.

❷ 시각화할 수 있는 아이디어가 있을 때마다 프로토타입을 만들어 보기. 만질 수 있고 사람들이 경험할 수 있는 것을 만들기. 예를 들어 역할극(Role Play)이나, 스토리 보드

"디자인과 프로토타이핑 제작에 관련된 이야기 입니다.
만약 이 요소를 분리해서 생각한다면 최종 산출물은
분명히 좋지 않을 것입니다."
– 조너선 아이브(JONATHAN IVE), APPLE의 디자인 총괄

요점 정리

❶ 디자인 사고가의 비밀은 마음가짐이다.

❷ 디자인 사고는 다섯 가지 마음가짐으로 이루어 진다.

1. 고객을 먼저 생각하기
2. 올바른 질문하기
3. 여러분이 그릴 수 있다는 것을 믿기
4. 탐험에 주저하지 말기
5. 테스트를 위해 프로토타입 만들기

제 4 장

사용자 먼저 생각하기

"디자인은 실용적, 미적인 부분 모두를 만족시켜야 한다.
좋은 디자인은 사람을 섬겨야 한다."

– 토마스 J 왓슨(Thomas J Watson), 기업가

Chapter

04 사용자 먼저 생각하기

고객을 먼저 생각하기 위해서는 여러분의 두뇌를 단련 시켜야 한다.

내 생각을 단련 시켜준 중요한 디자인 프로젝트 중 하나는 치매 환자들을 위한 게임을 디자인하는 것이었다. 우리 팀은 싱가폴에 위치해 있는 12군데의 치매 센터를 방문하여 직원들, 간병인, 환자들과의 인터뷰를 통해 어떤 활동이 치매 환자들에게 도움을 주는지 알아내고자 했다.

치매 환자들은 정상적으로 사고하는 사람들과는 다른 특별한 요구 사항들이 있다. 그들이 하는 게임은 일반인들이 하는 것과는 다르다. 치매 환자들을 위한 카드게임을 만들기 위해서는 그들과 공감하고, 그들의 입장이 되어 보고, 그들이 어떻게 느끼는지 생각해 보아야 한다. 매우 도전적인 과제였지만 이 과제를 통해 사용자를 먼저 생각하는 것을 배울 수 있었다.

사용자를 먼저 생각하지 않고는 효율적인 서비스나 상품을 디자인 할 수 없다. 또 이런 사고 없이 생산되는 제품은 최종 사용자에게도 유용하지 않다. 어떤 노력을 하든지 효과가 없음이 분명하다. 바쁜 업무에서 잠깐 물러나서 사용자에 대해 이해할 수 있는 시간을 갖는다면 후에 더 빠른 의사결정을 할 수 있다.

모든 성공적인 비즈니스에서 소비자에 대한 이해와 공감은 필수적이다. 아무리 좋은 서비스나 상품일지라도 그것이 사용자의 요구사항을 만족시키지 못하거나, 사용자가 미심쩍어 한다면 아무도 그것을 구매하지 않을 것이다. 따라서 고객과 사용자의 요구사항을 이해했다면 사업의 성공을 위해서 소비자를 강력하게 설득할 이유가 없다.

이 장에서 여러분은 아래의 내용에 대해 배울 것이다.
사용자의 잠재적 요구사항은 무엇인지?
어떻게 사용자와 공감하는지?
사용자/고객에게서 어떤 것을 배워야 하는지?
사용자들과 어떻게 효과적으로 인터뷰하는지?
페르소나(persona)가 무엇이고 어떻게 이용되는지?
공감지도(empathy map)가 무엇이고 어떻게 사용할 것인지?

사용자의 잠재적 요구사항(inherent needs)은 무엇인가?

어떤 것을 디자인하기 전에 먼저 우리는 상품이나 서비스가 어떠한 방식으로 사용자의 요구사항을 만족시킬 수 있을 것인가를 명확하게 해야 한다. 여러 연구를 통해서 사용자의 어떠한 요구사항이 구매로 이어질 수 있는가에 대한 리스트를 발견하였다.

다음 10가지 영역이 사용자가 개발하고 발전시키고 싶어하는 것들이다.

❶ 부

❷ 안전보장(security)

❸ 타인으로부터 호감

❹ 사회적 위치와 명망(status and prestige)

❺ 건강

❻ 칭찬과 인정

❼ 권력과 인기

❽ 지식

❾ 사랑과 동료애

❿ 자아 실현

이 중 하나의 항목이라도 만족시킬 수 있는 제품이나 서비스는 사용자에게 가치 있는 것이다. 따라서 사용자는 여러분의 제품이나 서비스를 구매할 것이다.

활동

위의 10가지 요구사항을 각각 만족시켜 줄 수 있는 제품이나 서비스에 대해서 생각해보자.

어떻게 여러분의 고객과 공감할 것인가?

❶ 관찰

사용자의 행동을 관찰하고 비언어적인 단서와 바디랭귀지를 적어보자.

❷ 만남

사용자의 인생을 더 잘 이해하기 위해서 그들을 직장에서 만나거나 집에서 약속을 잡아보자. 소비자가 처해있는 상황에서 그들을 더 잘 이해할 수 있다.

❸ 질문하기

이끌지 않고 열려있는 질문을 해서 더 많은 것을 찾아내라.

❹ 경청하기

고객이 그들의 이야기를 할 수 있게 만들어라.

질문하기 – 여러분의 소비자나 고객에게서 어떤 것을 알아야 하는가?

어떻게 올바른 질문을 하는지 아는 것은 중요하다. 다음의 가이드 라인을 통해서 어떤 질문을 해야 하는지 감을 잡을 수 있을 것이다.

❶ 그들은 누구인가

개인 – 연령, 결혼 여부, 직업, 관심 있는 것

회사 – 사업 종류와 규모

❷ 어떤 일을 하는가?

개인 – 회사에서 어떤 일을 하는가? 전공은? 쉴 때 무엇을 하는가?

회사 – 어떻게 회사가 운영되는가? 누가 여러분의 타깃인가?

❸ 왜 구매하는가?

왜 소비자가 제품이나 서비스를 구매하는지 알아내고, 여러분의 사업이 그들의 요구사항에 제공해 줄 수 있는 혜택(benefits)을 기술하라.

인터뷰 할 때마다 고객에 대해서 더 많은 것을
알아낼 수 있는 계획을 수립한다.
항상 우리가 왜 이러한 질문을 하는지에 대한
목적이 담긴 질문 리스트를 준비해라.
인터뷰 준비

❹ 어떻게 구매하는가?

상품을 구매하기 위해 고객이 어떤 유통 채널을 이용하는지 파악하라. 예를 들어 어떤 고객은 온라인에서 물건을 구매하기를 좋아하는 반면 다른 고객은 오프라인 구매를 선호한다.

❺ 물건을 구매했을 때 어떤 점이 그들을 기분 좋게 하는가?

무엇이 고객을 기쁘게 하는지 알아내어 어떻게 고객에게 가치를 제안해야 할지 이해할 수 있다.

❻ 고객이 무엇을 기대하는가?

제품/서비스의 어떤 점이 그들을 만족시키고 실망시키는지 파악하라. 예를 들어, 만약 여러분의 소비자가 지속적인 만족을 기대하는 상황에서, 여러분의 제품이나 서비스가 그들의 기대를 만족시킨다면 여러분의 사업은 지속적으로 성장할 것이다.

❼ 고객이 여러분에 대해 어떻게 생각하는가?

고객이 여러분의 제품이나 서비스에 대해 어떠한 인상을 가지고 있는지 파악하라. 만약 고객이 여러분과 계속 거래하는 것을 즐긴다면 그들은 더 많이 구매할 것이다.

인터뷰 준비 단계

❶ 인터뷰 준비

인터뷰 할 때마다 고객에 대해서 더 많은 것을 알아낼 수 있는 계획을 수립한다. 항상 우리가 왜 이러한 질문을 하는지에 대한 목적이 담긴 질문 리스트를 준비한다.

가이드가 필요하다면 다음 장에 등장하는 사용자 피드백 사례를 이용한다.

❷ 취조가 아닌 대화를 한다.

고객의 어떤 점을 알아내고, 어떤 질문을 해야 할지 알고 있다고 해서 고객에게 끊임없이 조사하듯이 질문하는 것은 피해야 한다.

대화 할 수 있는 분위기를 만들어라. 고객을 편안하게 해주고 그들의 이야기를 할 수 있도록 만들어라. 대화 도중에 연관된 주제에 대해서 자연스러운 질문이 유도될 수 있으려면 재빨리 대화 도중에 질문을 던질 수 있어야 한다. 고객의 이야기를 경청하고 어떤 말을 하고 있는지 생각한 뒤 어떤 대화를 이끌어 갈 것인지를 결정하라.

❸ 이끌어가지 않는 열린 대화를 하라.

여러분의 질문이 열려 있다면 이상적이다. 열려 있다는 것은 고객이 단답형으로 대답할 수 없다는 것이다. 열린 질문을 하기 위해 가장 좋은 방법은 "어떻게", "무엇이", "왜"로 시작하는 질문을 해야 한다.

너무 열려있는 질문을 하지 않을까에 대해서 걱정하지 말라. 만약 질문이 충분히 구체적이지 않다면 고객은 여러분에게 그 질문을 명확하게 할 질문을 할 것이다. 그렇다면 여러분은 이미 대화 안에 있는 것이고 벌써 절반의 성과를 거둔 것이다. 이것이 목적이 있는 질문이 왜 필요한가에 대한 이유이고, 이러한 질문은 고객에게 도움을 줄 수 있다.

그룹 활동

❶ 어떠한 제품을 하나 선택해서 그 제품과 관련된 인터뷰를 준비하라. 여러분 옆의 동료에게 이 인터뷰를 진행할 수도 있다. 아니면 그룹 중에 한 명을 지목해서 인터뷰하고 나머지 멤버들은 이 과정을 지켜볼 수도 있다.

❷ 여러분이 인터뷰 했던 사람에게 관찰한 것과 피드백을 기록한다.

❸ 그룹 내에서 여러분이 했던 질문들을 어떻게 더 개선할 수 있을지 고민하라.

사용자 피드백 사례

고객 프로필

림 메이 링 : 53세 주부 ABC 은행의 기존 고객 XYZ 은행과도 거래를 하고 있음 두 명의 자녀 쉬는 시간에 은행 거래 하는 것을 선호 인터넷뱅킹을 싫어함

질문내용

질문 목록	왜 이와 같은 질문을 하나?
• 이 신용카드를 보셨거나 들어본 적 있나요?	• 현재 알고 있는 수준 이해하기
• 이 혜택에 대해서 어떻게 생각하나요?	• 혜택이 고객과 연관이 있는지 이해하기
• 다른 신용카드와 비교해 주세요.	• 다른 경쟁사와 어떻게 비교되고 있는지 이해하기

사용자 피드백

관찰과 피드백	통찰/활동
• 어디서 카드를 보았는지 기억하지 못함	• 시각적인 광고 개선이 필요함
• 찡그린 얼굴로 카드 등록 시 불편했던 등록 절차에 대해서 언급	• 카드 발급 절차는 소비자에게 고통일 수 있음
• 식료품 리베이트 혜택에 대해서 대단히 공감함	• 시장에서 식료품 리베이트가 강점으로 작용할 수 있음

페르소나란 무엇인가?

페르소나는 여러분이 개발 중인 제품이나 서비스가 겨냥한 시장 세그먼트를 대표하는 가상의 인물에 대한 기술(description)이다. 여러분은 서로 다른 시장 세그먼트를 겨냥하여 하나 이상의 페르소나를 만들어낼 수 있다.
예를 들어 아이들을 위한 점심 도시락을 기획했다면, 이 도시락이 필요한 아이들을 위한 페르소나와 함께 본인의 도시락이 필요한 부모에 대한 페르소나도 필요하다.

어떻게 페르소나를 만들 것인가?

모든 디자인 프로젝트처럼 페르소나는 협력해서 만들어야 한다. 이해관계자들과 다른 팀의 구성원까지 참여시켜 페르소나를 더 정밀하게 만들어 고객에 대한 이해를 증진시킬 수 있어 팀의 모든 구성원은 같은 생각을 공유할 수 있다.
고객에 대한 인터뷰를 통해서 페르소나를 정밀하게 다듬을 수 있다면 이는 더 좋은 방법이다. 가이드가 필요하다면 다음의 페르소나 예시를 참고하라.

다음을 통해서 페르소나를 구축할 수 있다.

- 프로파일
- 성격
- 행동
- 기대
- 동기
- 요구사항과 목적
- 도전/주제에 대한 의견

페르소나의 이점

- 기회와 제품 공백을 명확히 하여 전략 수립에 도움이 됨
- 개발 과정 중 빠르고 저렴하게 테스트하고, 검증하고, 중요한 아이디어에 더 많은 가치를 부여할 수 있음
- 팀내에서 고객에 대한 공통적인 이해를 이끌어 내 프로젝트에 집중할 수 있게 함
- 개발팀이 고객과 공감할 수 있게 도움을 주어 팀의 행동, 목적, 기대를 설정하는데 기여 함
- 전략 수립에서 제품 개발까지 유용한 레퍼런스 도구로 사용될 수 있음

페르소나의 예

이름

조나단 림, 38세

프로필/라이프스타일

변호사, 미혼

일주일에 한번 골프치는 것을 좋아함

세란군에 아파트 소유

성격

야심적

박식함

재무지식

목표/야망

은퇴 후 생활을 위해 투자를 원함

올해 더 높은 직급으로 승진하는 것에 매진

행동/버릇

참을성 없음

꼼꼼함

부정적인 대답을 허용하지 않음

두려움/도전

동료들과의 협업이 순탄치 않음

가족과 보낼 시간을 내기 어려움

영향받은 사람/취미

변호사인 삼촌

골프

공감지도란 무엇인가?

공감지도는 고객을 문서화 할 수 있는 다른 방법이다. 페르소나가 사람에 대해 더 집중한다면 공감지도는 특정 주제에 대해서 어떻게 느끼는가에 더 초점을 맞춘다. 다른 이해관계자들과의 협업 또는 고객과의 인터뷰를 통해서 공감지도를 제작할 수 있다.
가이드가 필요하다면 다음의 공감 지도 가이드를 참조하라.

화이트 보드에 그려진 공감지도

활동

특정인이나 여러분이 기획하고 있는 시장 세그먼트에 대해 페르소나 혹은 공감지도를 작성해 보라.

공감지도의 예

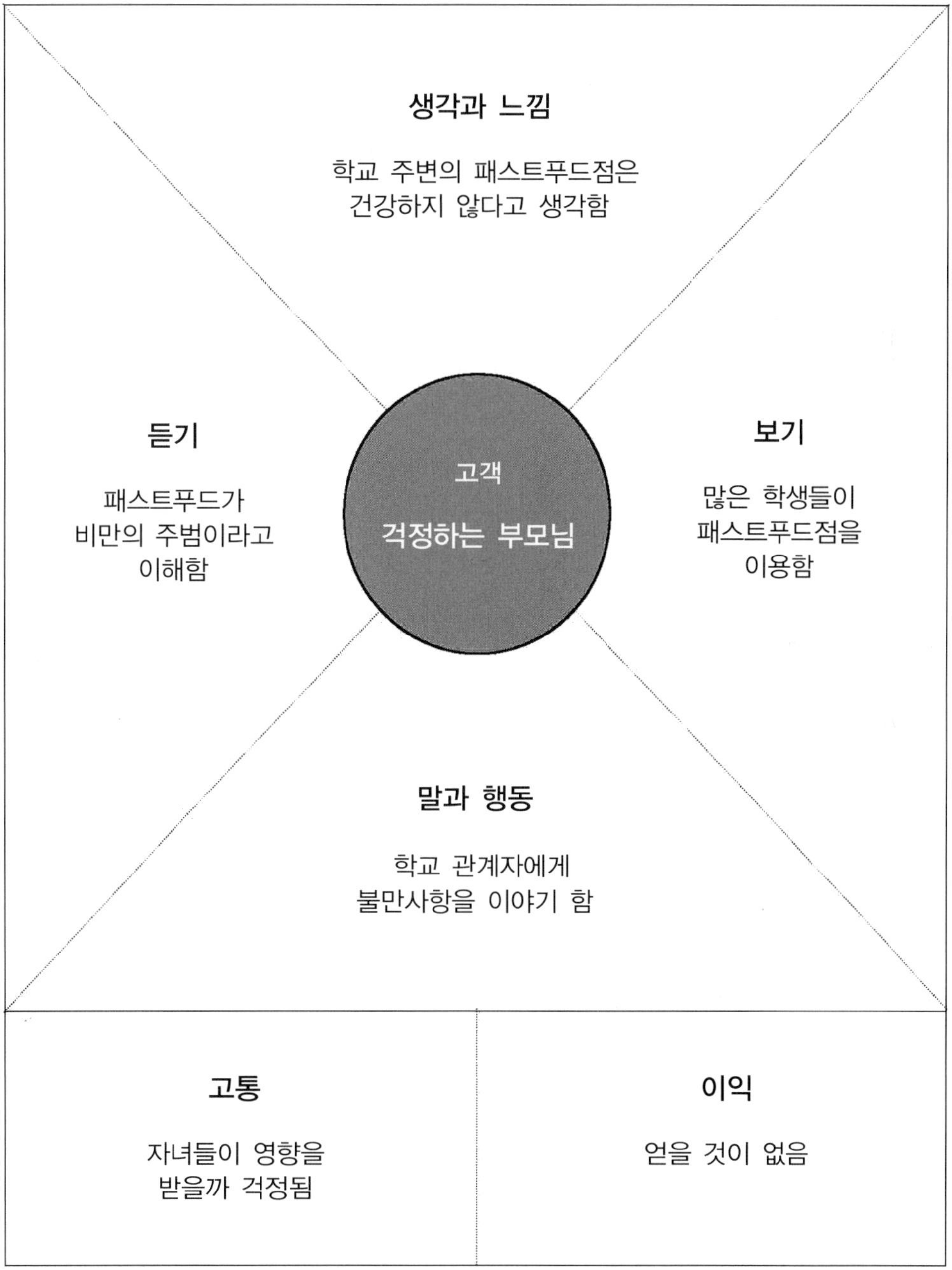
생각과 느낌
학교 주변의 패스트푸드점은
건강하지 않다고 생각함
듣기
패스트푸드가
비만의 주범이라고
이해함
고객
걱정하는 부모님
보기
많은 학생들이
패스트푸드점을
이용함
말과 행동
학교 관계자에게
불만사항을 이야기 함
고통
자녀들이 영향을
받을까 걱정됨
이익
얻을 것이 없음

요점 정리

❶ 고객을 먼저 생각하기 위해서 여러분의 두뇌를 단련시켜야 한다.

❷ 제품이나 서비스를 디자인하기 전에 고객이 필요한 10가지 요구사항을 이해해야 한다.

❸ 고객과 공감하기 위한 4가지 단계가 있다.

❹ 고객과 인터뷰하기 전에 제대로 된 질문을 준비해가는 것이 중요하다.

❺ 고객을 이해하기 위해 페르소나 또는 공감지도를 만들 수 있으며, 특정 주제에 대한 고객의 프로필이나 피드백을 알아낼 수 있다.

제5장

올바른 질문을 해라

"나는 그들 자신이 무엇을 하고 있는지 알고 있는 전문가들의 디자인을 선호한다"

– 돈 노먼(Don Norman), 디자인 사고가

Chapter

05 | 올바른 질문을 해라

여러분은 올바른 질문을 할 필요가 있다.

아마 디자인 사고 과정에서 올바른 질문보다 중요한 것은 없다. 질문은 야광막대(Lightsticks)다(질문은 모호하거나, 사실이 아닌 또는 발견되지 않은 것을 밝히는 것이다. 여러분은 올바른 질문을 통해 깨닫게 될 것이다). 올바른 질문은 최종 사용자를 더욱 공감할 수 있고, 이해관계자와 프로젝트 목표를 명확하게 정의하고 더 나은 해결책을 만들 수 있다.

P&G의 혁신 책임자는 개혁의 성공을 보장하기 위해 정확하게 문제를 해결할 필요가 있다고 이야기 한다. 고객의 문제를 해결하거나, 요구 사항을 충족할 수 있다면, 혁신은 성공이 될 것이다.

"정확한 문제 해결"은 적절한 질문을 통한 정확한 해결책을 찾는 것이 핵심이다. 기존의 문제를 자세히 정의하기 위해서는 고객, 이해관계자, 그리고 관리자에서 정확한 질문을 해야 한다. 핵심은 질문을 통한 현 상태에 대한 호기심과 도전이다.

디자인 사고가(design thinker)의 주요 사고방식(middset) 중 하나는 질문의 여러 유형을 아는 것과 디자인 사고 과정에서 서로 다른 상황에 어떻게 이용할 것인가이다.

이 장에서 여러분은 아래의 내용에 대해 배울 것이다.

왜 올바른 질문이 필요한가?
질문의 서로 다른 유형은 무엇인가?
누구에게 질문을 해야 하는가?
프로젝트를 수행할 때 무엇을 해야 하는가?
회의에서 이해관계자 조정을 어떻게 할 것인가?

왜 올바른 질문이 필요할까?

효율적인 질문은 다음과 같은 도움을 준다.

❶ 최종 사용자와 이해관계자의 공감

❷ 목표 조정의 연결과 협력

❸ 더 나은 정보 수집

❹ 보다 효율적인 검사 및 문제 정의

❺ 설득력과 영향력 증가

❻ 협상 능력 향상

❼ 실수와 오해의 가능성을 줄임

❽ 잠재적인 이슈(논쟁점)와 기회 발견

그룹 활동

위의 8개 결과의 달성에서 어떤 질문을 할 것인지 여러분의 그룹에서 논의해보자.

예를 들어, "더 나은 정보 수집"을 위하여 회사나 학교에서 여러분이 어떠한 제품을 구매해야 한다면 이와 관련한 여러분의 질문은?

- 어떻게 이것이 동작하는가?
- 이것이 제대로 작동하지 않으면 누구에게 문의해야 하나?

질문의 서로 다른 유형은 무엇인가?

여러분이 적용할 수 있는 다섯 가지 유형의 질문이 있다. 이러한 질문은 일반적으로 디자인 사고 과정의 '정의 단계'에서 적용된다. 어떤 프로젝트에 대해서 여러분과 이해관계자 그리고 상사의 점수를 포함한다.

참고로 이러한 질문은 최종 사용자/고객에게 하는 질문과는 다르다.

(See. 사용자 먼저 생각하기(89p))

❶ 시작 질문

시작 질문의 이면 아이디어는 상황을 평가, 생각과 가능성을 자극하고 뇌를 활발하게 하여 컨텍스트 및 옵션을 이해하는 것이다.

- 해결하고자 하는 문제는 무엇인가?
- 무엇을 보고 있는가?
- 탐구하고자 하는 것은 어떤 종류의 것인가?
- 문제 영역은 무엇인가?

❷ 탐색 질문

탐색 질문은 평가나 토론이 진행되는 동안 회의의 과정을 조절하는데 도움이 되며, 이해관계자와 함께 하는데 도움이 된다.

- 올바르게 진행하고 있는가?
- 유용한가?
- 내가 올바르게 이해 했는가?
- 이 모든 것을 조정하고 있는가?
- 어떤 질문이 있는가?

❸ 검토 질문

검토 질문은 프로젝트 세부 사항에 초점을 맞추고 있다. 이는 정량화 및 정규화를 통해 프로젝트를 자세히 정의할 수 있도록 한다.

- 무엇으로 만들어졌나?
- 어떻게 동작하는가?
- 얼마나 팔아야 하는가?
- 2년 간 매출의 몇 퍼센트 증가를 달성하고자 하는가?
- 이러한 상황의 예는 무엇인가?
- 이후에는 어떻게 할 것인가?

❹ 검증 질문

검증 질문은 검토 질문과는 달리 사실상 서로 상반된다. 이것은 상상력과 가능성을 끌어낸다. 이러한 질문은 아이디어 도출 단계에서 특히 유용하다.

- 만약 두 번째 계획(Plan B)을 실행했다면?
- 무엇을 더 사용할 수 있는가?
- 여기에 무슨 이상이 있는가?
- 만약 우리가 틀렸다면 어떻게 할 것인가?
- 만약 학교와 같이 운영하는 경우 우리는 어떻게 처리할 것인가?

❺ 마무리 질문

마무리 질문으로 프로젝트가 실용적이고 현실적인 상태가 될 수 있도록 한다. 이 마무리 질문은 실행 계획 및 수행 할 단계를 정의하는 중요한 질문이다.

- 어떻게 아이디어의 우선순위를 매길 것인가?
- 실행 단계는 어떻게 되는가?
- 누가 무엇을 할 것인가?
- 2주 후에 우리는 무엇을 해야 하는가?
- 앞으로 우리에게 닥칠 일은 무엇인가?

누구에게 질문을 해야 하는가?

❶ 고객 / 최종 사용자

여러분은 배우는 자세로 접근하고 주제에 대해 가장 잘 알고 있다고 생각하지 않길 바란다. 고객 / 최종 사용자를 만나기 전에, 이들이 공감할 수 있는 질문을 준비한다.

- 어떻게 이렇게 했나요?
- 이것에 대해 좀 더 자세히 이야기 해주시기 바랍니다.
- 이것에 대해 당신의 생각은 어떠한가?

❷ 이해관계자

이해관계자는 여러분 동맹자이자 프로젝트 파트너이며 다음과 같은 중요한 질문에 의해 조정할 수 있다.

- 무엇이 당신을 위한 것인가?
- 당신의 목표는 무엇인가?
- 여기에서 당신의 역할은 무엇인가?

❸ 관리자

일반적으로 사람들이 용기 있게 올바른 질문을 하지 않기 때문에 관리자와 작업 그룹 간에 대화가 부족하다. 프로젝트는 관리자가 무엇을 원하는지에 대한 가정이 아니라 그들이 필요에 따라 실행되며, 생산되지는 않는다.

여러분은 다음과 같은 높은 수준의 질문을 관리자를 위해 할 수 있다.
- 어디서 진행 상황을 보고 있는가?
- 어떤 문제가 있는가?
- 무엇이 성공으로 간주되는가?
- 시간과 예산의 제약 조건은 무엇인가?

❹ 생산품 판매 회사(벤더)

벤더와의 관계는 이해관계자로서 동등하게 중요하다. 왜냐하면, 궁극적으로 제품/서비스를 제공하는 사람이기 때문이다.

여러분은 선행작업으로 벤더에게 다음과 같은 질문을 해야 한다.
- 당신은 이것을 할 수 있는가?
- 이것이 잘 될 수 있는가?
- 어떻게 우리가 함께할 수 있는가?

프로젝트를 수행할 때 무엇을 해야 하는가?

새로운 프로젝트를 수행할 때 여러분은 매우 똑똑하고 노력해야 한다. – 그것은 여러분이 수행할 모든 프로젝트가 시도할 만한 가치가 있다는 것을 의미하지 않는다. 때로는 수백만 달러의 답이 될 수 있습니다. "아니요, 우리가 이것을 추진해야 한다고 생각하지 않습니다." 그리고 그 이유를 설명한다.

여러분이 만나는 사람은 여러분의 상사이거나 중요한 이해관계자 또는 클라이언트가 될 수 있기 때문에 이에 대해 분명히 전략을 세워야 한다. 이러한 대처를 위해서, 여러분은 모든 프로젝트의 개시 시 발생하는 것들을 이해해야 한다(주로 아이디어, 해결책 또는 문제점).

아이디어는 그들에게서 나온다.

- 항상 아이디어가 어떻게 나오는지 묻는다.
- 아이디어에 대한 감사에도 불구하고 우리는 우리가 해결해야 하는 문제가 무엇인지 확인해야 한다.
- 그의 의견에 무조건 동의하기보다 문제에 더 집중하자.
- 최종 사용자에 대해 공감이 필요하다.

해결책은 그들에게서 나온다.

- 항상 해결책이 어떻게 나오는지 묻는다.
- 우리가 해결해야 할 문제가 무엇인지 확인한다.
- 다른 해결책이 발견될 수 있기 때문에 하나의 해결책에 집착하지 않는다.
- 사용자 공감에 의한 해결책을 확인할 수 있는 기회를 마련해라.

문제점은 그들에게서 나온다.

- 항상 문제가 어떻게 발생하는지 묻는다.
- 문제의 모든 이해관계자를 조정한다.
- 컨텍스트를 구축한다.
- 사용자를 이해한다.

요구는 그들에게서 나온다.

- 왜 우리가 이런 요구에 대처할 필요가 있는지 항상 이해한다.
- 실행 동기를 부여하는 요인 / 압력 / 외부 요인이 있는가?
- 요구가 유효한지 여부를 평가하고 항상 사용자를 우선시 한다.

회의에서 이해관계자 조정을 어떻게 할 것인가?

일반적으로 회의에서 모든 이해관계자는 모두 다른 안건과 상황에 있을 것이다. 회의 테이블에서 공통의 문제를 해결하기 위해 우리는 이해관계자의 조정이 필요하다. 우리는 "디자인 의뢰서"를 이용하여 목표를 정의하고 이해관계자가 달성하고자 하는 다른 하위 목표를 찾아야 한다.

문제와 디자인 의도의 중요 목표를 이해하기 위해 프로젝트 초기에 디자인 의뢰서를 작성해야 한다.

"이해관계자 지도"에 각 이해관계자의 역할 정의–직접 실행에 포함하는 경우가 있으며, 일부는 운영위원회에서, 나머지 일부는 지식 위원회에서 결정을 하게 될 것이다.

사용자의 이야기를 이해관계자가 듣도록 해야 한다. 취약점, 생각, 그리고 고객의 감점을 식별하기 위해 "고객 여정 지도"를 정의해야 한다. 이해관계자가 앞에서 고객만족도에 대한 평가를 실시하는 것은 모두가 고객의 입장에서 생각하기 시작하는 마법을 만들 것이다.

제품이나 서비스를 둘러싼 상황을 이해하기 위해 "컨텍스트 지도"와 "기회 지도"를 작성해야 한다.

중요한 것은 각각의 이해관계자와 참여자의 요구를 명확히 이해하는 것이다.

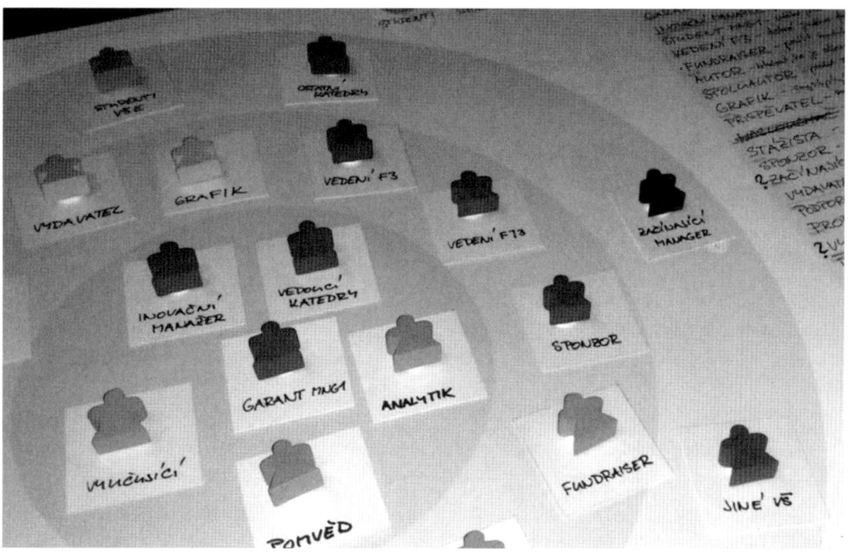

이해관계자와 그들의 요구를 파악하여 지도에 나타내자

1. 이해관계자 조정 – 디자인 의뢰서

디자인 의뢰서는 무엇일까?

디자인 의뢰서는 프로젝트 팀을 대신하여 의도에 대한 명세서를 만들기 위한 매우 중요한 문서와 정의 단계의 결과물이다. 디자인 의뢰서는 사용자 인터뷰 및 피드백에서 얻은 통찰력을 기반으로 문제 명세서를 명확하게 정의한 것이다.

디자인 문제에 기반하여, 디자인 의뢰서는 디자인 의도 요구사항의 주요 목적 및 범위를 정의하는 것이며, 이는 그들의 노력에 대한 목표와 참고를 프로젝트 팀에 제공한다.

디자인 의뢰서의 열쇠는 문제와 의도를 명확하게 정의하여 모든 팀 및 이해관계자에게 명확하고 모호함이 없도록 확인하는 것이다.

주요 혜택

❶ 문제 해결 및 디자인 의도를 명확히 함

❷ 팀의 집중과 조정을 가능하게 함

❸ 본래 의뢰서와 디자인 결과를 비교하여 더 좋은 결과를 도출함

디자인 의뢰서의 예제

이용자 인식 / 피드백

- 대릴(Darryl)은 자신의 건강과 체력을 추적할 수 있는 빠르고 효율적인 방법이 필요함
- 그는 종종 달리고 수영을 하며, 달리기와 수영을 하는 동안에는 전화기를 휴대하는 것을 원하지 않음

문제 명세서

달리기와 수영을 하는 동안 사용자는 자신의 체력과 건강을 추적할 수 없음

디자인 목표 / 목적

우리는 어떻게 달리기와 수영을 하는 동안 편리하고 핸즈프리(Hands-free)한 신체 단련과 건강 추적 장치를 디자인 할 수 있을까?

디자인 요구 사항

우리의 제품/서비스 …

- 활동을 하는 동안 체력과 건강 추적
- 경량
- 땀과 물에 방수 가능
- 충격방지
- 사용성 편리/핸즈프리

2. 이해관계자 조정 - 이해관계자 지도

이해관계자 지도는 무엇일까?

이해관계자 지도는 주요 이해관계자와 그들의 관계를 문서화하는 데 사용된다. 이들은 최종 사용자, 프로젝트에서 이익이 되는 사람, 부정적인 영향을 받을 수 있는 사람, 힘을 가지고 있는 사람, 그리고 디자인 결과에 영향을 미칠 수 있는 사람 등을 포함한다.

정의 단계의 시작 부분에서, 디자인 의사소통을 위한 디자인 팀의 기준 역할을 할 수 있도록 이해관계자와 그들의 관계를 미리 감지하고 올바른 질문을 해야한다.

주요 혜택

❶ 이해관계자와 그들의 관계를 명확히 나타냄

❷ 의사 결정자, 영향력, 실행자, 심지어 최종 사용자를 이해함

❸ 디자인 팀은 부정적인 이해관계자와 긍정적인 지원에서 위험 발견을 가능하게 함

이해관계자 지도의 예제

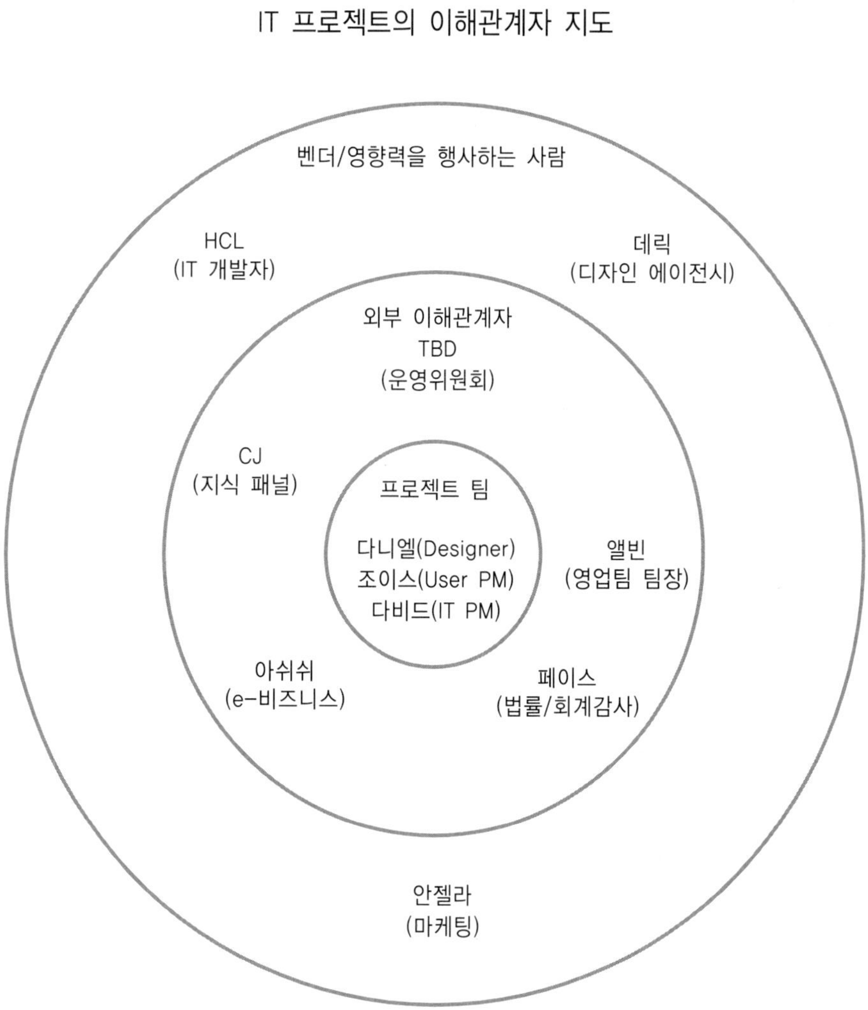
IT 프로젝트의 이해관계자 지도
벤더/영향력을 행사하는 사람
HCL
(IT 개발자)
데릭
(디자인 에이전시)
외부 이해관계자
TBD
(운영위원회)
CJ
(지식 패널)
프로젝트 팀
다니엘(Designer)
조이스(User PM)
다비드(IT PM)
앨빈
(영업팀 팀장)
아쉬쉬
(e-비즈니스)
페이스
(법률/회계감사)
안젤라
(마케팅)

3. 이해관계자 조정 - 고객 여정

고객 여정은 무엇일까?

고객 여정 문서를 통한 매핑은 고객이 특정 제품이나 서비스 경험을 문서화 및 시각화하는 방법이다. 여러분의 팀은 정제 또는 개선에 참여하여, 고객 경험의 매 순간 뿐만 아니라 상품이나 서비스가 고객과 만나게 되는 인터페이스의 접점에서 고객의 생각과 감정을 포함하여 고객 여정 문서를 작성한다. 또한 경험이 일어날 수 있도록 백엔드 작업에 발생하는 일을 고객 여정 문서에 포함한다.

고객 여정 문서는 여러분의 팀에 접근하고 고객 경험을 형성하는 상호 작용의 요인을 분석할 수 있다.

주요 혜택

❶ 고객의 관점에서 이해관계자에게 여러분의 고객 경험의 개요를 나타낼 수 있음

❷ 경험과 개선의 구체적인 순간에 대한 취약점을 식별할 수 있음

❸ 전체 서비스 또는 제품 경험을 개편하여 구체적인 영역에 집중하는 팀에 도움을 줄 수 있음

고객 여정의 예제

활동 단계	스타벅스에 입장	좌석 찾기	커피 주문	커피를 기다림	커피를 마심
고객 실행	카페 주변을 살핌	카페 내부 걷기	계산대세서 줄을 서서 주문	계산대에서 대기	테이블에 앉음
접점 (상품이나 서비스가 고객과 만나는 접점)	입구/ 포스터	카페 공간 좌석	계산대/ 가격표	계산대	좌석
생각	올바른 공간에 들어간 것인가?	좌석을 찾을 수 있는가?	가격은 얼마인가?	얼마나 오래 기다려야 할까?	음….
감정	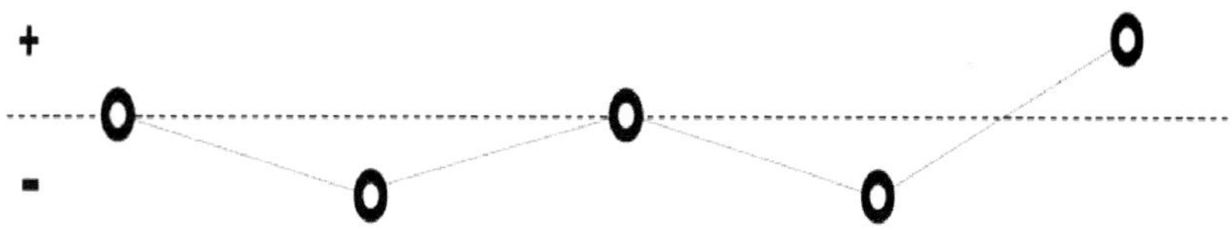				
백엔드 과정	결제 과정	커피를 내리다	결제 과정	커피를 내리다	테이블 지우기

4. 이해관계자 조정 - 컨텍스트 지도

컨텍스트 지도는 무엇일까?

컨텍스트 지도는 조직에 영향을 미치는 복합 요인을 나타내는 도구와 문서이거나 제품 / 서비스의 디자인이다. 컨텍스트 지도는 비즈니스나 기술 또는 환경적 요인에 관한 변경 사항에 대한 논의를 활성화하기 위해 디자이너와 프로젝트 관리자에 의해 사용된다. 또한 잠재적인 목표 고객이 프로젝트에 참여하여 발생할 수 있는 이슈나 불확실성에 대한 논의에 사용된다.

주요 혜택

❶ 팀과 공유 전략 비전 생성을 가능하게 함

❷ 조직 내의 비공식적인 기존의 문서 지식을 나타냄

❸ 제품 / 서비스 디자인의 결정 및 계획에서 활용되는 외부 요인을 이해함

컨텍스트 지도의 예제

노인 안전사고 감지에 대한 모션 센서의 컨텍스트 맵

대상 사용자 / 사용자 요구사항

65세 이상의 노인
집에서 혼자 생활
안전 사고 발생 시 즉각적인 주의 또는 도움이 필요
노인의 요구에 즉시 통보할 자녀

기술 요소

- 모션 관련 센서의 기존 기술
- 앱 관련 장치를 통해 원격으로 연결

비즈니스 요수

현재 경쟁상대 없음

트렌드

- 고령화 사회
- 부유한 실버 세대의 확산
- 1인 가구의 증가

불확실성

- 노인의 적응 비율
- 집의 개조가 필요?
- 서비스의 실행

그 밖의 질문?

정부 및 지자체에서의 지원?

그 밖의 질문?

그 밖의 질문?

5. 이해관계자 조정 - 기회 지도

기회 지도는 무엇일까?

기회 지도는 시장에서 어떤 제품 / 서비스를 비교할 수 있도록 한다. 이는 경쟁 업체 또는 디자이너가 잠재적으로 제품 / 서비스를 자리매김할 수 있는 기회 영역의 포화를 식별하는 데 도움이 된다.

모든 이해관계자가 시장의 기회를 충족시키는 제품 또는 서비스의 방향 식별을 가능하게 한다.

주요 혜택

❶ 기회의 영역 식별이 가능함

❷ 새로운 제품의 시장성 확보를 위한 포화와 경쟁영역 식별이 가능함

❸ 공유 방향과 의미를 갖는 이해관계자 조정이 가능함

기회 지도의 예제

싱가폴에서 손톱 미용업 (네일 살롱)의 기회 지도

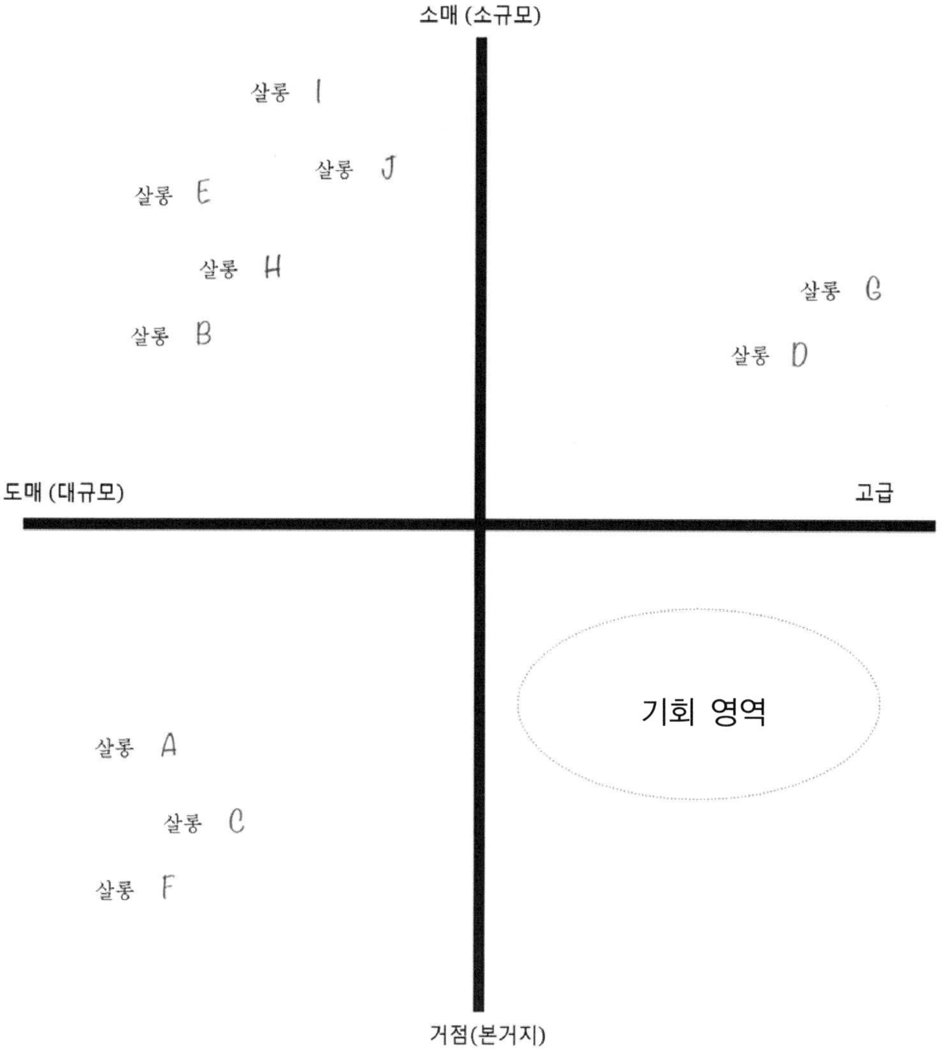

요점 정리

❶ 올바른 질문을 하기 위해서는 많은 노력이 요구된다.

❷ 디자인 사고에서 왜 올바른 질문을 해야 하는지 여덟 가지 이유가 있다.

❸ 효율적인 논의를 위한 다섯 가지 질문 유형을 사용할 수 있다.

❹ 프로젝트를 수행할 때 아이디어, 해결책 그리고 문제의 차이점을 이해할 필요가 있다.

❺ 같은 목표의 이해관계자 조정을 위해 다양한 양식(디자인 의뢰서, 이해관계자 지도, 고객여정, 컨텍스트 지도, 기회 지도)을 사용한다.

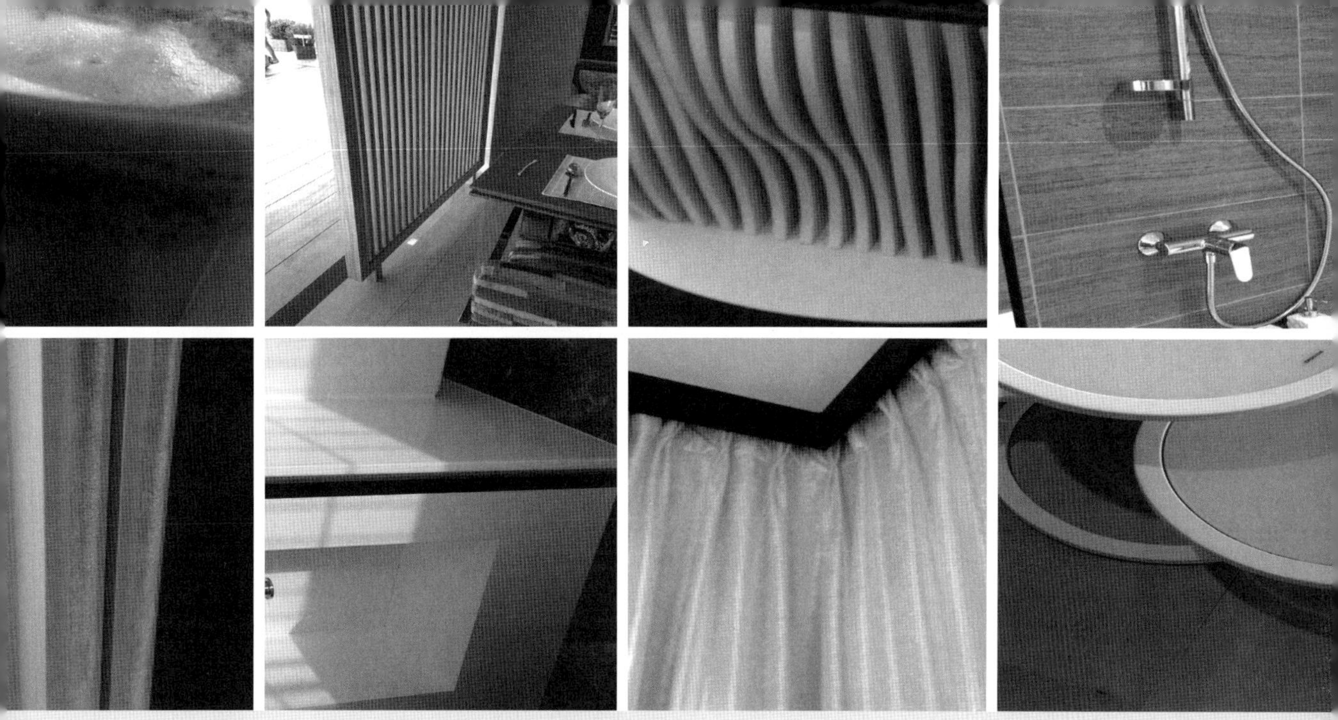

제 6 장

그릴 수 있다고 믿어라

"이것이 내가 디자이너를 좋아하는 이유이다:
당신이 이것을 볼 때까지
당신은 실제로 이것을 얻을 수 없다."

– 이삭 미즈라히(ISAAC MIZRAHI), 패션 디자이너

Chapter

06 | 그릴 수 있다고 믿어라

그리기는 우리 모두가 가지고 있는 본능이다. 우리는 읽기와 쓰기 교육은 받아야 한다. 하지만 그리는 능력은 가지고 태어난다. 디자인 프로젝트의 논의에서 이메일이나 전화의 사용은 우리를 더 편하게 한다. 하지만 명시적 또는 그리기를 통한 의사소통과 같은 타고난 능력은 충분히 이용되지 않고 있다. 만일 우리가 의사소통 및 그리기를 통한 동의 없이 디자인 프로젝트를 진행한다면 디자인 프로젝트는 모순적이고 비생산적인 작업이 될 수 있다.

저자가 성숙하지 않은 디자이너였을 때 프로젝트 진행에서 감동을 주고 탁월하게 보이기 위해 피카소처럼 그림을 그려야 한다고 생각했다. 그러나 저자는 학창시절 다른 학생들에 비해 그리기 실력이 그다지 좋지 못해 매우 낙담하고 의욕이 꺾였던 적이 있다.

저자가 OCBC 은행에 근무하게 되어 저자의 상사를 만나기 전까지 이러한 생각은 변함이 없었다. 그 상사는 저자가 만난 최고의 디자인 사고가 중 한 사람이었다. 그 상사는 스틱맨이나 화살표 등을 이용해 간단히 그리기를 하였다. 그 상사의 그리기 실력은 아마추어처럼 보였지만 그 상사는 저자와 함께 가치 있는 통찰력을 공유하였다. 상사가 저자에게 조언하길 "대니얼, 당신은 마치 피카소처럼 그림을 그리려고 해요. 그리기는 소통할 수 있으면 됩니다." - 그리기를 통해 시각화하고 의사소통할 수 있다. 여러분이 피카소처럼 그리는 것은 중요한 것이 아니라 여러분이 얼마나 생각하는지가 중요한다.

저자는 그릴 수 있는 기술적인 능력을 가지고 있었다. 그러나 저자의 상사는 자신이 그릴 수 있다는 자기 신념을 가지고 있었다! 여러분도 그릴 수 있다는 믿음을 함양할 필요가 있다.

"나는 말하는것 보다 그리기를 더 좋아한다. 그리기는 빠르며 거짓을 최소화 한다."
- 르 코르뷔지에(Le Corbusier)

이 장에서 여러분은 아래의 내용에 대해 배울 것이다.

- 왜 그리기로 의사소통을 해야 하는가?
- 그리기의 가치는 무엇인가?
- 의사소통의 현재 방법의 문제는 무엇인가?
- 어떻게 그리기를 시작할 것인가?
- 어떻게 그리기를 용이하게 할 것인가?

왜 그리기로 의사소통을 해야 하는가?

❶ 그리기와 사진은 무엇인지 볼 수 있고, 무엇인지 상상할 필요가 없기 때문에 사람들의 동의를 구할 수 있다.

문장은 사람들의 각각의 해석과 이해를 열어두는 것이다. 다음 중 어느 것이 여러분의 이해관계자가 상황을 명확히 이해하고, 어느 쪽이 더 설득력 있을까?

문장	vs	그림
기차역 혼잡한 경험 오늘 아침 매우 불편하다		

활동

여러분 주위의 공간이나 상황을 사진으로 찍어 여러분의 동료에게 설명하시오.
여러분의 이야기를 듣고 동료가 그림으로 그리도록 하시오.

이야기로 의사소통하는 것이 매우 어렵다는 것을 발견할 것이다.
여러분은 동료에게 어떻게 여러분이 설명한 이야기를 그리게 할 것인가!

❷ 그리기는 특정 상황을 설명하는 단어를 대체하여 시간을 절약할 수 있다.

사람들은 문장 단락을 해석하는 것보다 그림을 보고 이해하는 것이 쉽다는 것에 동의한다. 아래 내용을 보자.

문장

- 우리 4명이 타고 있는 빨간 보트는 검은색 지붕이며 국기를 달고 바다를 항해한다.
- 바다는 녹색, 주황색, 빨간색이며, 보라색의 물고기가 날고있다.
- 다른 물고기에 비해 더 큰 물고기 한 마리가 날고 있다.
- 날고 있는 큰 물고기 가까이에 날고 있는 흰색 갈매기가 있다.
- 3마리 이상의 새들이 하늘을 날고 있다.
- 새들은 푸른 연기를 뿜으며 날고 있는 붉은 배를 공격하고 있다.
- 태양은 웃고 있다.
- 여러 이유에서 하늘은 노란색이다.
- 나는 알렉스이다.

vs

그리기

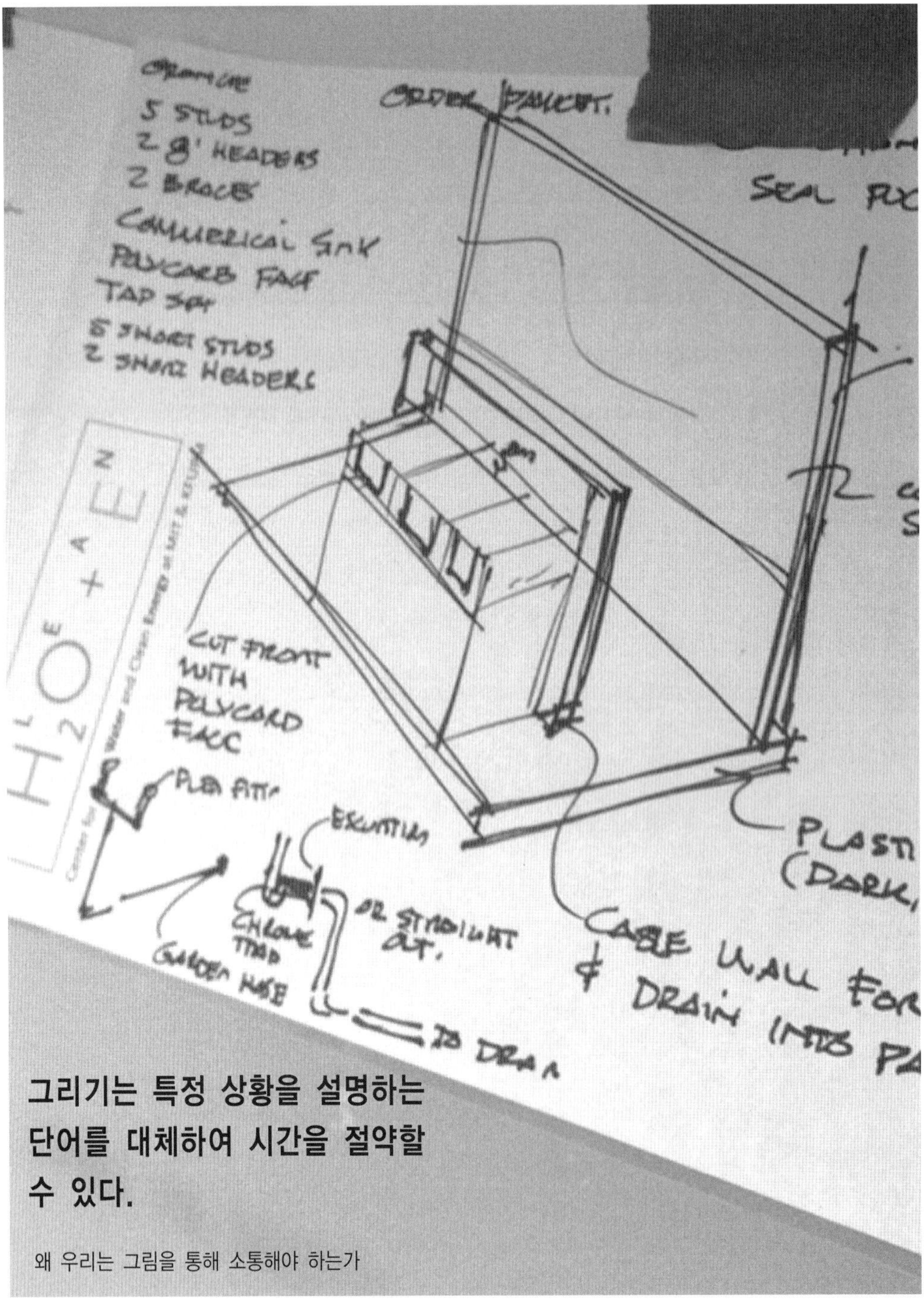

그리기는 특정 상황을 설명하는 단어를 대체하여 시간을 절약할 수 있다.

왜 우리는 그림을 통해 소통해야 하는가

그리기의 가치는 무엇인가?

그림은 여러분이 무엇인가를 시각화하고 종이에 그려 넣을 수 있는 고유한 창조 공간이다. 여러분의 머릿속에 있는 아이디어를 그리는 것으로 적은 위험과 대안을 찾고 의미 있는 논의을 촉진하며 건설적인 비판을 할 수 있다.

❶ 더 나은 아이디어를 상상하다.

그리기를 많이 하는 것은 더 나은 아이디어를 상상하는 데 도움이 된다. 그리기는 여러분이 더 창의적이고 성공할 수 있도록 돕는다.

❷ 어떤 것을 알아내다.

우리는 우리의 머릿속에 있는 어떤 것을 알아내기 위해 그리기를 한다. 그리기는 우리를 똑똑하게 만든다. 우리가 무엇인가를 할 때, 종종 이것이 어떻게 생겼는지 보고 싶거나 또는 이것으로 일할 것인지 알아보기 위해 여러 가지의 그리기를 한다.

❸ 설명과 지침을 제공한다.

그리기는 어떤 것을 설명하고 지침을 제공하는데 도움이 된다. 문장이나 이야기 보다는 그리기를 통해 무엇인가를 이해하는 것이 보다 쉽다. 도표나 그래프 그림은 우리가 비교와 선택을 하는데 많은 도움을 준다.

❹ 기억을 돕는다.

그리기는 우리에게 주의와 기억하는 것에 도움을 준다. 여러분이 무엇인가를 그릴 때 여러분의 뇌는 그리고자 하는 것에 대한 구성 요소들로 분해하여 기억하게 된다. 여러분이 진짜 물고기를 자세히 그리고자 한다면 여러분은 물고기의 모든 부분(눈, 아가미, 지느러미 등)에 주의할 것이다. 여러분이 어떤 것에 모든 부분을 배우고 싶다면 그리기보다 더 나은 방법은 없을 것이다.

의사소통의 현재 방식의 문제는 무엇인가?

많은 사람들이 자신들의 컴퓨터 앞에 갇혀 있다. - 이메일 타이핑 및 전송

이러한 선형적 의사소통 방식은 프로젝트의 의사소통에 해로운 결과를 초래한다. - 토론이나 공동 창작이 어려우며 의견 충돌 시 문제를 해결하는데 비교적 오랜 시간이 필요하다. 의견 출동은 단어의 인식 차이로 인한 오해로부터 발생한다.

디자인 사고는 다르다. 여러분은 팀 단위로 이슈나 문제를 해결하거나 또는 무엇인가를 만들기 위해 노력하고 있다. 여러분은 동료와 아이디어, 피드백 그리고 비판과 같은 자유로운 순환과 교환이 필요하다.
자발적인 그리기는 합의를 이끌어내며 공통의 이해를 가능하게 하고, 많은 시간을 절약할 수 있다.

어떻게 그리기를 시작할 것인가?

많은 사람들이 그리기를 두려워하는 이유는 그들의 그리기 실력이 좋지 않다고 생각하기 때문이다. 단 하나의 해결책은 연습이다.

문구점에 가서 스케치북과 형광펜, 여러 색깔의 펜과 연필을 구매하여 잡지에서 사진과 영상을 수집하자. 그리고 여유 시간에 시각적으로 여러분의 아이디어를 표현하는 것이 편하게 될 때까지 자유롭게 스케치 해보자. 예쁘게 보여야 한다는 걱정 말고 그냥 그려보자.

❶ 시각적 요소의 자신만의 라이브러리를 작성하자.

자신의 시각 라이브러리(여러분이 편한 도안 및 시각화 기법)를 만들어보자. 여러분의 미래에는 그리기를 회의에서 효과적으로 사용할 수 있어야 한다. 완전하지는 않지만 아래 그리기 예제를 참고해보자. 자기 자신을 위해 더 많은 그리기를 통해 자신만의 시각 라이브러리를 만들어보자.

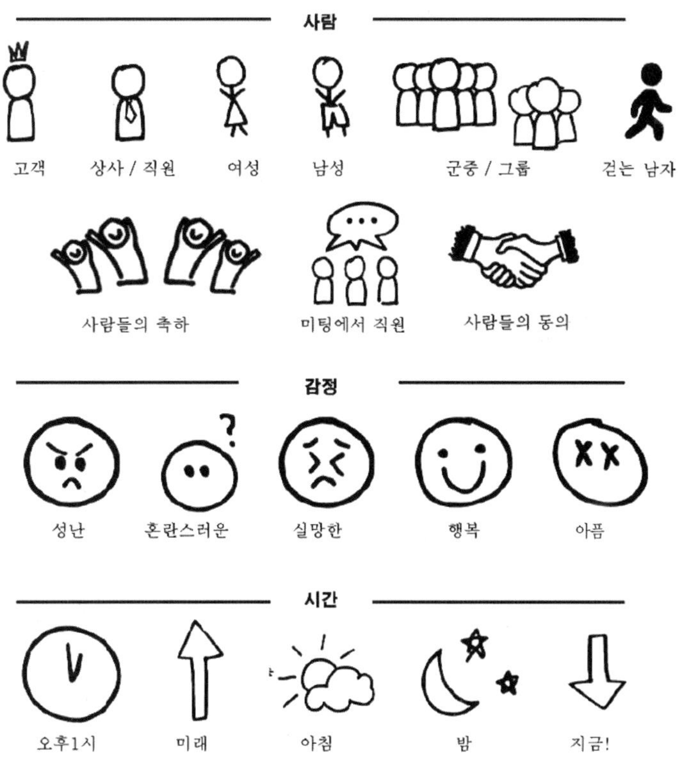

공간

건물 직원 카운터 책상 집 IT 회사

미팅 공간 사무실 파트너 회사 벤더

채널

첨부 문서 이메일 양식 랩톱 / 인터넷 메일

모바일 셀프 서비스 판매대 자동차 배달

식별자

경보 / 주의 화살표 틀린 / 잘못된 아이디어 중요한 메모

인계 / 전환 고객 여정 문제 영역

❷ 여정 또는 과정을 그리는 방법을 배우자.

여러분의 이야기 또는 이벤트의 순서를 표현하기 위한 여정 또는 과정을 그리는 방법을 배우는 것은 매우 중요하다. 이는 여러분이 설명하기 위해 노력하는 잠재적인 문제 또는 문제를 식별하여 여러분의 잠재 고객을 이해하는 데 도움이 될 것이다.

스타벅스의 고객 여정의 예제는 다음과 같다.

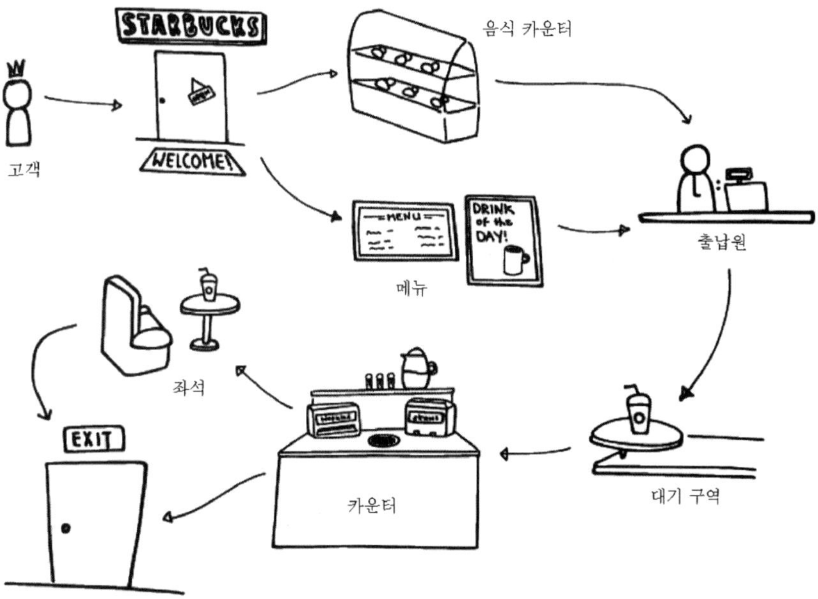

활동

❶ 여러분의 노트북에 자신의 시각적 도안들을 만들어보자.

❷ 다음 중 하나의 과정을 그려보자.
- 오늘 아침 여러분의 출근길 과정을 그려보자.
- 어떠한 장소에서 경험할 수 있는 간단한 작업 과정을 그려보자.
- 여러분의 옆 사람의 지난 주말 여행 일정을 듣고 가능한 상세히 그려보자.

❸ 문제를 그리는 방법을 배우자.

그리기는 여러분의 문제를 더 명확하게 보이게 한다. 지금의 문제를 식별하는 조정자 또는 디자인 컨설턴트에 특히 유용하며 문제를 인식하는 이해관계자를 이해하는데 많은 도움이 된다. 문제를 시각적으로 표현한 경우가 좀 더 공개적으로 일에 대해 논의하고 모호한 부분을 배제할 수 있어 문제 해결에 대한 영향력을 높일 수 있다.

일반적인 은행 회의실 문제의 예제는 다음과 같다.

문제점 :

신용 카드 판매 실적의 부진

- 판매 직원의 동기 부족
- 증가하는 경쟁
- 부족한 의식
- 매력적이지 않은 카드 혜택
- 온라인 공간에서의 판매 전략 결핍

여러분은 위의 문제를 그림으로 그려 시각화할 수 있다.

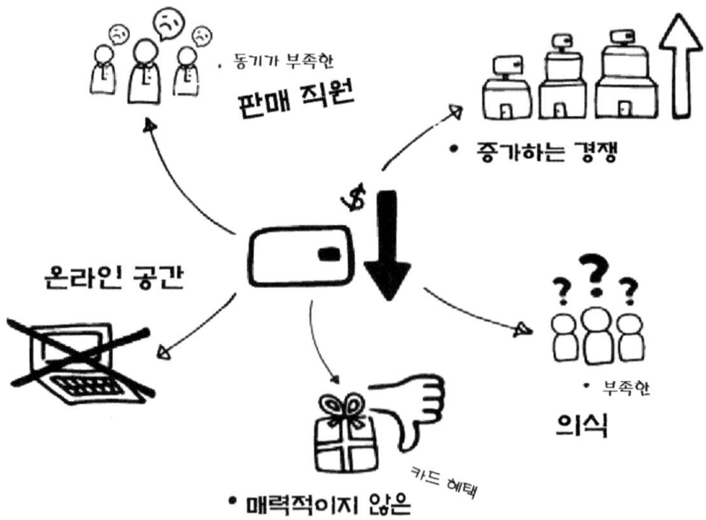

❹ 의사소통을 그리는 방법을 배우자.

마지막으로, 이해관계자가 개념이나 아이디어를 이해하기 위해 의사소통에서 전달한 내용을 그림으로 그릴 수 있는 것은 매우 중요하다. 페르소나[3]의 개념과 아이디어를 탈피하고 그림으로 정의하기 위해 간단한 질문을 사용하자. 간단한 질문은 중요 개념을 이해하고자 하는 이해관계자에게 도움을 줄 것이다.

그리기의 전형적인 제품 개념의 예제는 다음과 같다.

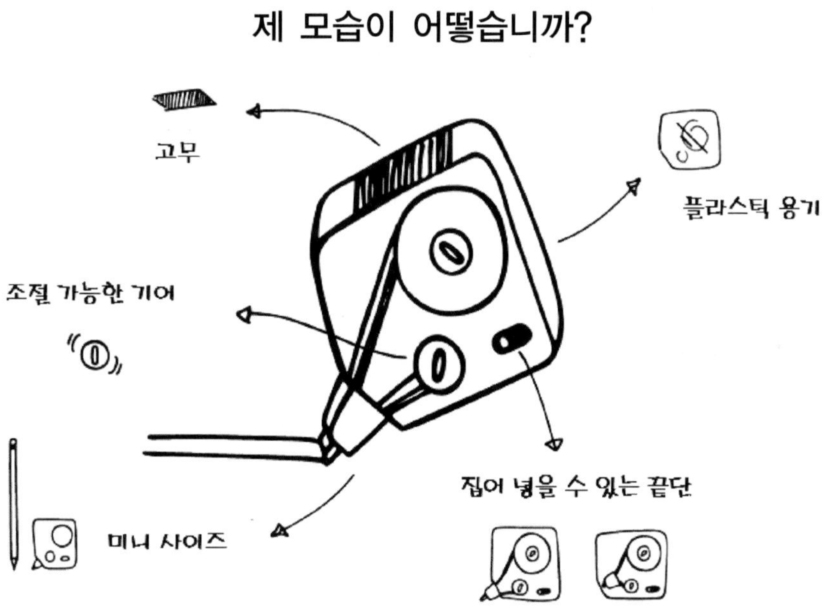

3) 라틴어에서 유래되어 '가면'을 나타내는 말로 '외적 인격' 또는 '가면을 쓴 인격'을 뜻한다. 이는 무의식이 열등한 인격이며 자아의 어두운 면이라고 할 수 있다. – 칼 구스타프 융(Cal Gustav Jung)

❹ 의사소통을 그리는 방법을 배우자.

제품 개념을 정의하는 사용자 중심의 혜택 목록

나의 편익/혜택은 무엇일까?

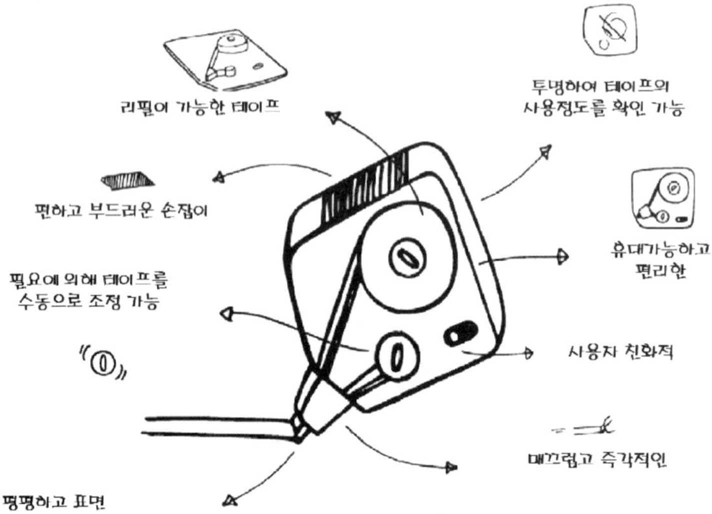

제품 개념이 사용될 수 있는 상황을 정의

나는 누구와 함께 일할까?

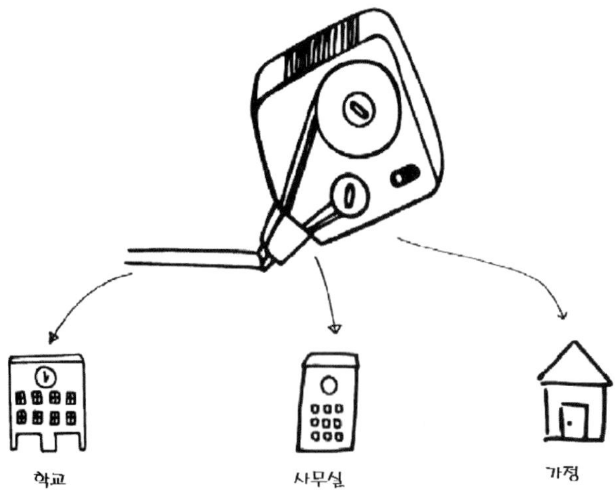

어떻게 그리기를 용이하게 할 것인가?

그리기는 사람들에게 창의력을 높여주는 훌륭한 도구이며 문제 해결 능력을 자극한다. 그러나 어려움에 처했다면 우리는 무엇을 해야 할까? 우리가 어떻게 세부 사항에서의 수렁과 논쟁에서 우리 자신을 보호할 수 있을까?

이것이 유능한 조정자가 중요한 이유이다. 그렇다면 유능한 조정자는 어떤 사람일까?

❶ 조정자의 역할 이해

조정자는 중립적이고 객관적이어야 한다. 조정자의 역할은 계획과 결정을 논의하는 그룹을 활성화할 수 있도록 과정과 조건을 그리는 것이다. 특정한 결과에 그룹을 직접 지휘하지 않은 채 논의를 진행해야 한다.

❷ 논의에 구조를 제공

- 자신들만의 독립적인 회의인지 아니면 클라이언트와 함께하는 회의인지 회의의 유형을 결정한다.
- 신뢰 관계를 구축하고, 이해관계자를 확신하자. 조정자의 목적은 그들을 돕는 것이다.
- 이는 지금 현재의 문제를 즉시 해결하고 이해관계자는 조력자의 역할에 신뢰감을 느끼게 하는데 도움이 된다.
- 프로젝트를 정의하기 위해 이해관계자에게 질문을 하자.

❸ 모두가 볼 수 있도록 그리기로 논의과정과 결과를 기록

모든 논의 사항을 칠판에 시각화 한다. 우리는 문제점(또는 과정)을 그릴 수 있다. 그렇지 않았다면 결과와 기회를 그릴 수 있다. 그리기의 주요 목적은 그림으로 조정하고 모두가 확인하는 것이다.

❹ 생산 그룹의 행동을 보장

- 그룹이 정상을 회복하기 위해 필요한 경우 항상 계약을 참고한다.
- 모두를 포함. 모든 구성원에 동등한 기회를 보장한다.
- 공통점을 찾는다.
- 사실에 대한 분쟁 대화 내용을 처리한다.

❺ 결과 요약

세션에 대한 핵심 포인트 요약

- 학습
- 실행 포인트

요점 정리

❶ 여러분은 그릴 수 있다는 믿음을 가져야 한다.

❷ 여러분은 더 나은 시각적 효과와 시간 절약을 할 수 있기 때문에 그리기로 의사소통을 해야한다.

❸ 여러분 자신의 시각 라이브러리를 작성해보자.

❹ 여러분은 여정 및 문제점에 대한 그리는 방법을 이해하고 그리기로 아이디어를 전달할 수 있어야 한다.

❺ 여러분은 간단한 다섯 가지 단계의 그리기를 통해 회의를 할 수 있다.

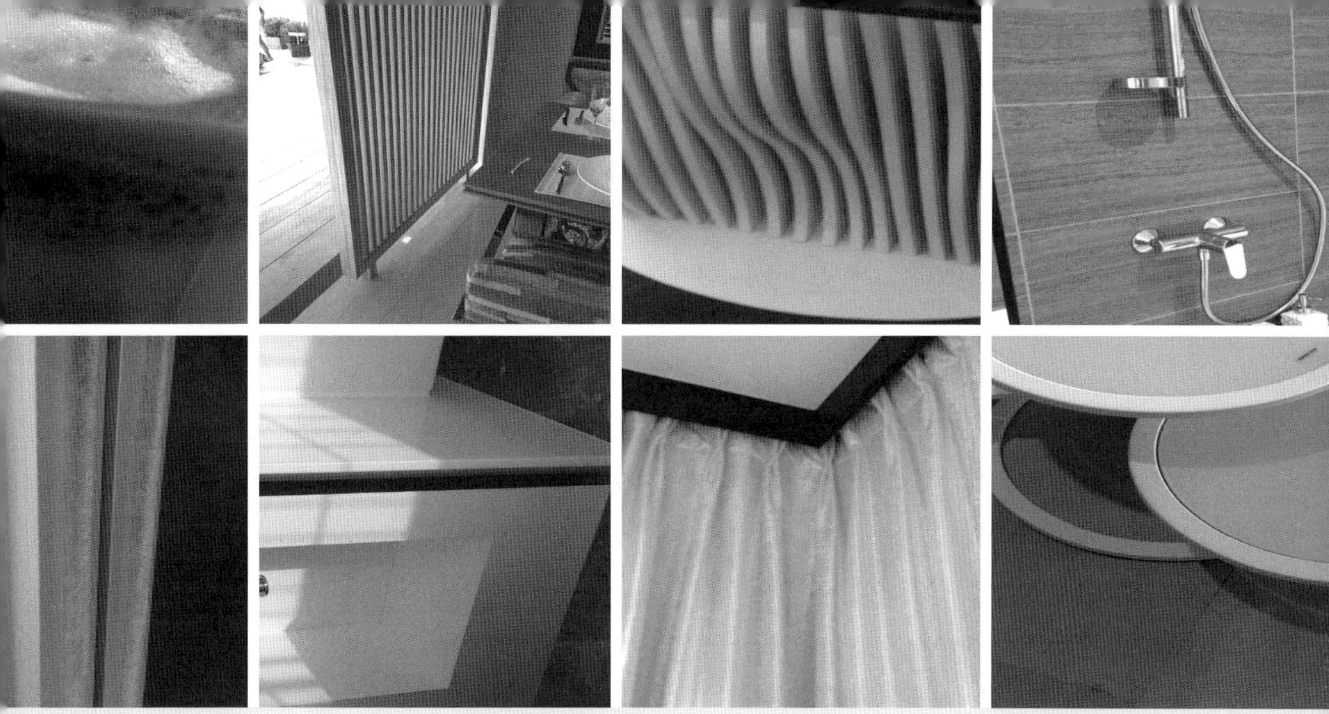

제7장

아이디어 도출에 전념하라

" 여러분이 꿈을 꿀 수 있다면 이룰 수 있다."

– 월트 디즈니(WALT DISNEY), 창업자/사업가

Chapter

07 아이디어 도출에 전념하라

오래된 인용문구를 다른 말로 바꾸어 표현하면 - "아이디어 도출이란 가능성을 찾는 예술이다".

아이디어 도출은 새로운 아이디어들을 만들고, 발전시키고, 소통하는 창조적 과정을 말한다. 여기서, 하나의 아이디어는 어떤 모양, 시각적, 언어적으로 표현된 생각의 기본적인 요소라고 이해하면 된다.

아이디어 도출에 전념하는 목표는 수백 개의 아이디어가 아니고 하나의 큰 개념의 아이디어이다.

그런 이유로, 모든 디자인 사고가의 사고방식은 단지 하나의 아이디어로 그치는 것이 아니라, 우리가 더 많은 아이디어를 가질수록 어떤 문제를 풀 수 있고, 더 좋은 해결책을 얻을 수 있는 기회가 많다는 것을 의미한다.

아이디어 도출 단계는

- 팀의 집단 경험들과 재능을 하나로 합치고
- 어떤 이미지나 언어가 아이디어 촉매로서 활동하거나
- 아이디어들로부터 혁신적인 해결책이 도출되는 마법의 과정이라 할 수 있다.

무엇이든 여러분의 마음의 문을 닫지 마라. 여기 7장은 디자인 사고 과정에서 가장 신나는 부분이기 때문에, 여러분은 아이디어 도출에 전념해야 하고, 여러분의 마음을 함양 할 필요가 있다.

이 장에서는 아래의 내용을 다룰 것이다.

- 왜 아이디어 도출이 필요한가?
- 아이디어 도출의 규칙은 무엇인가?
- 아이디어 도출 세션을 어떻게 다룰 것인가?
- 어떻게 창조적인 문화를 만들 것인가?
- 아이디어 도출에 관한 도구들은 어떤 것이 있는가
- 여러분의 아이디어들을 어떻게 수렴하는가?

왜 아이디어 도출이 필요한가?

아이디어 도출이 왜 필요한지는 아래의 인용 문구로 갈음한다.
"아이디어 도출은 정확한 아이디어 하나를 끌어내는 것이 아니고, 매우 넓은 영역의 가능성들을 만들어 내는 것이다" - 한소 플래트너(Hansso Plattner) 스탠포드 디자인 연구소.

따라서 아래와 같이 해야한다.

❶ 더 많은 옵션들을 탐험한다.

여러분이 가질 수 있는 아이디어가 많으면 많을수록, 어떤 문제의 좋은 해결책을 알아낼 수 있는 기회가 더욱 많아진다.

❷ 좋은 의사결정을 내릴 수 있는 좀 더 준비된 자세를 갖춘다.

여러분이 가능성 있는 모든 옵션을 탐험하고 나면, 의사결정을 내릴 수 있는 준비된 자세를 갖추게 될 것이다. 이것은 옷을 사는 과정에 비유할 수 있다. 여러분이 더 많은 매장을 돌아보고, 더 많은 옷을 입어 볼수록 여러분 마음에 드는 옷을 살 수 있는 것과 같기 때문이다.

❸ 여러 가지 경험으로 부터 아이디어를 세운다.

두 명의 머리는 한 명의 머리보다 낫다. 팀을 이뤄서 아이디어를 창조하는 것은 역동적이며, 대개는 아주 좋은 아이디어로 개발된다.

아이디어 도출의 규칙은 무엇인가?

우리는 어떤 문제나 의문에 대해 알려고 노력해왔다. 이제 아이디어 도출 단계에서, 우리는 해결책을 찾아야 한다. 아이디어를 도출 한다는 것은 다른 각도에서 문제점들을 시험하고, 비판적으로 생각한다는 것을 의미한다. 대개 하나의 문제점을 풀 수 있는 해결책은 하나 이상이다. 실질적인 질문 "무엇이 최상의 해결책인가?"

아이디어 도출은 가끔 지적인 구속에 갇힌 전통적인 단일 사고방식과는 반대의 개념이다.

❶ 어떤 누구의 어떤 아이디어도 환영하고 존중한다.

❷ 창조적인 사고와 거친 아이디어도 격려한다.

❸ 판단을 미뤄라. 나쁜 아이디어는 없다.

❹ 한번에 하나씩 하나의 이야기를 다룬다.

❺ 프로토타입을 시각적으로 빨리 만든다.

❻ 아이디어를 만드는 것을 격려한다.

❼ 질이 아니라 양에 중점을 둔다.

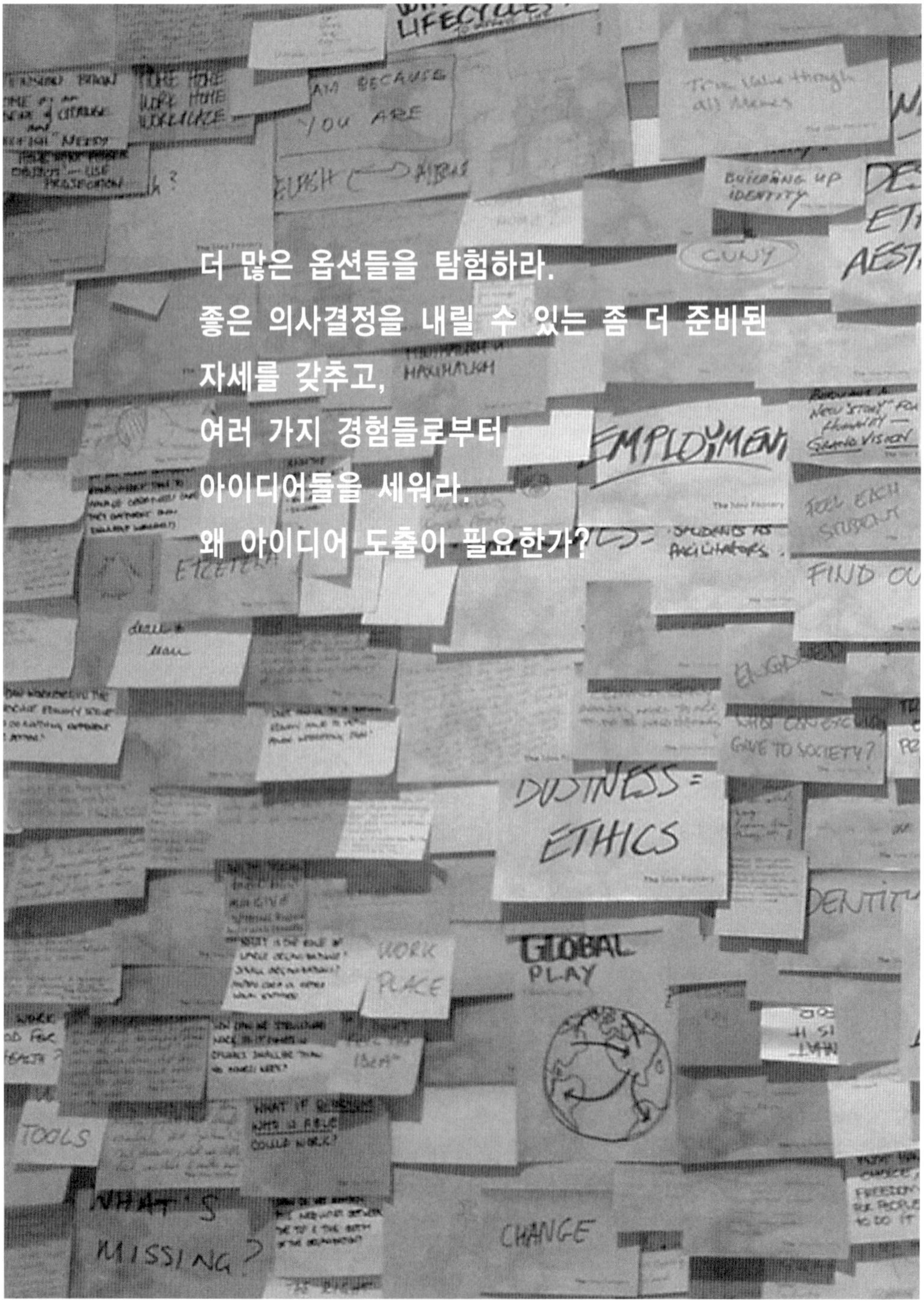

더 많은 옵션들을 탐험하라.
좋은 의사결정을 내릴 수 있는 좀 더 준비된 자세를 갖추고,
여러 가지 경험들로부터 아이디어들을 세워라.
왜 아이디어 도출이 필요한가?

아이디어 도출 세션을 어떻게 다룰 것인가?

개인별 디자인 사고가의 역할은 자기와 관련된 이해관계자와 아이디어 도출 세션을 잘 다루는 것이다. 아래는 여러분이 따르기 원하는 세션을 위한 전반에 걸친 몇 개의 필수적인 단계이다. 만일 마음이 불편하거나 확신이 없다고 느껴도 걱정하지 마라.

❶ 창조적인 공간을 조성한다.

위 아래 계층적인 개념이 없고, 협업과 공동 창조를 이끌어낼 수 있는 공간을 창조하라. 예를 들면, 끝자리에 상급자가 앉는 의자가 배치된 회의실 형태는 안 된다.
Tools와 Resources 체크리스트를 사용하는 데 필요한 디자인 도구를 준비한다.

❷ 기대치를 설정한다.

이해관계자들에게 아이디어 도출 세션에 관해 간략히 설명한다. 그들에게 아이디어 도출의 규칙(앞서 언급한 7가지)을 알게 한다. 그들을 여러분이 진행할 프로세스로 인도하고, 정신적으로 준비시킨다.

❸ 문제점을 정의한다.

문제점 내역서를 정의하고 디자인 의뢰서를 준비시킨다(디자인 지시서 참조).

❹ 아이디어 도출을 실행한다.

다음 장에 나오는 5가지 공통 아이디어 도출 기술 참조

❺ 아이디어들을 정렬한다.

아이디어들을 그룹화 또는 정렬한다(3가지 수렴하는 간단한 방법 참조).

❻ 실행단계를 평가하고 창조한다.

다음 미팅을 위해 몇몇 실행 단계를 정의한다.

1. 창조적인 공간을 조성한다
2. 기대치를 설정한다
3. 문제점을 정의한다
4. 아이디어 도출을 실행한다
5. 아이디어를 정렬한다
6. 실행단계를 평가하고 창조한다

어떻게 창조적인 문화를 만들 것인가?

창조적인 문화란 사람들이 일하는 장소에서 그들이 가지고 있는 아이디어를 표현하는데 편안함을 느낄 수 있도록 만드는 장소를 의미한다. 창조적 문화는 하나의 일하는 방법이며, 최고 경영층으로부터 격려받는 형태라 할 수 있다.

여러분이 창조적 문화에 있다는 것은

- 여러분이 누구든, 무엇을 하든 진가를 알아봐 줄 때
- 새로운 아이디어를 제안했을 경우 환영을 받을 때
- 여러분의 방식대로 일을 할 수 있는 자유를 받을 때
- 어느 누구(최고 경영자 포함)와도 협업과 공동 창조작업을 편안하게 할 수 있을 때
- 실험적인 방법에 격려를 받을 때
- 여러분의 상사가 프로젝트에 관한 숨어 있는 정치적인 이유를 설명해 줄 때
- 여러분의 상사에게 지휘 계통으로 인해 제약 받지 않을 때
- 누군가 여러분의 아이디어를 경청 할 때
- 좋은 아이디어를 만들어 보상을 받을 때이다.

일하는 장소에서 창조성을 촉발하는 3가지 방법

❶ 창조성에 대한 보상

만일 여러분이 좋은 아이디어 또는 해결책을 제공하거나 창조적인 생각을 하는 종업원을 얻기 위한다면, 어떤 형태든 보상에 관한 동기부여가 필요하다. 보상은 장려금 형태의 유형이거나 또는 상사로부터 신임을 얻는 것과 같은 무형일 수도 있다.

좋은 아이디어는 진지하게 받아들여야 하며 실행되어야 한다. 그렇지 않으면, 종업원은 좋은 아이디어를 제안했음에도 실행되지 않으면 실망하게 될 것이다.

❷ 일하는 공간을 창조적으로

브레인스토밍이나 아이디어 도출 세션을 할 수 있는 장소를 만들어야 한다. 이 공간은 창조성을 도울 필요한 디자인 도구나 자원을 활용할 수 있는 협업 환경을 말한다. 아이디어나 개념을 그릴 수 있는 많은 화이트보드나 플립차트가 준비되어야 하며, 심지어 다른 영감을 보여주는 경우에도 이 같은 방법으로 작업한다.

❸ 협업과 공동 창조를 격려

종업원 자신들만 일하는 것은 금하고, 여러 다른 부서와 종합적으로 문제를 해결하고 아이디어를 창조하도록 고무시켜야 한다. 화기애애한 분위기를 만들어 누구나 다른 사람을 도우려고 하는 열정과 명료성을 가지고 토론하며 다가갈 수 있도록 환경을 조성한다.

확산 시키기 위한 다섯 가지 공통 아이디어 도출 기술

아이디어 도출의 목적은 여러 가지 선택을 창조는 것이다. 확산하고 탐색하는 사고는 가능한 많은 문제점을 해결하기 위해 만들어져야 한다.

아이디어 도출은 유용한 두 가지 형태를 가지고 있다. 첫번째, 아이디어 도출은 초기의 탐색을 허용한다. 팀원이 시작하기 위한 어떤 초기 아이디어도 없는 상태를 말한다. 두 번째, 아이디어 도출의 경계를 넓히도록 한다. 여기서 쉽게 다가갈 수 있는 몇 개의 아이디어보다 우리의 생각의 틀을 넓힌다는 의미이다.

아이디어 도출을 위한 하나의 공통점은 효과적인 브레인스토밍을 하기 위한 그룹(두 개 또는 그 이상)이 필요하다는 것이다. 아이디어 도출에 전념하는 것은 반드시 팀으로부터 자연스럽게 아이디어가 나와야 한다는 것이지, 몇몇 개인의 아이디어에 의존하면 안 된다는 것을 의미한다.

아래는 다섯 가지 공통 브레인스토밍 기술이다.

초기 탐색

Brainwriting[1)]
문제 브레인스토밍(Nyaka)
공유 브레인스토밍(NHK 방법)

획기적인 경계 확대

SCAMPER
What if? (…라면 어떻게 될까?)

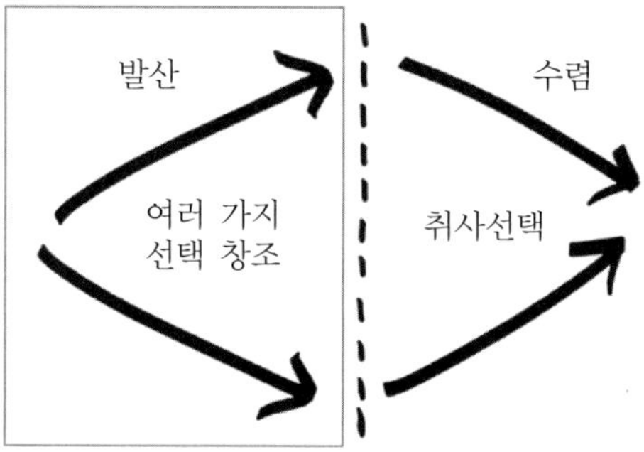

1) 브레인 라이팅(brainwriting)이란 말은 독일에서 나온 것으로써, 그룹이 아이디어를 고안할 때 아이디어를 조용히 글로 써서 내놓는 작업을 말한다.

1. 초기 탐색 - Brainwriting

이것은 무엇인가?

Brainwriting란 시스템적인 방법으로 아이디어를 세우기 위한 지렛대 같은 강력한 방법론이다.

어떻게 전달하는가?

1. 문제를 정의한다.
2. 각자가 2분 이내에 한 장의 종이에 3가지 아이디어를 적는다.
3. 그 다음 아이디어를 적은 종이를 왼쪽 사람에게 돌린다.
4. 종이를 받은 사람은 종이에 존재하는 아이디어 밑에 자신의 아이디어를 그리거나 쓰면서 아이디어를 추가하거나 증강 시킨다(3분 이내).
5. 최초 작성자에게 그 종이가 돌아올 때까지 새로운 아이디어를 존재하는 아이디어에 추가하는 과정을 계속한다.
6. 테이블에 있는 모든 아이디어를 공유하고, 몇몇 우수한 아이디어를 고른다.

필요 자원

연필
포스트 잇
종이
테이블
화이트보드
가벼운 간식

2. 초기 탐색 - Process Problem 브레인스토밍(NYAKA)

이것은 무엇인가?

Nyaka 브레인스토밍은 문제점들에 대한 해결책과 문제점들을 탐색하는 것을 강조하는 방법론이다. 대개 Nyaka 브레인스토밍은 경험을 통한 다른 여러 문제점들을 세분화할 수 있는 어떤 일의 프로세스나 고객 여정 분석에 적용된다.

Nyaka 브레인스토밍은 아이디어 계층의 우선순위를 결정하거나, 어떤 것이 잘못된 문제점인가를 나중에 이해하는데 유용하다.

어떻게 전달하는가?

1. 팀은 얻고자 하는 문제점과 이슈들을 확인하고, 어떤 일의 프로세스와 고객 여정을 분석한다.
2. 퍼실리테이터는 그룹에게 질문하고, 그 그룹은 프로세스/서비스/경험의 디자인에 관한 잘못된 많은 부분을 정의하고, 왼쪽 공간에 적어 넣는다.
3. 퍼실리테이터는 그룹에게 질문하고, 그 그룹은 가능한 많은 문제점에 관한 해결책을 정의하고, 오른쪽 공간에 적어 넣는다.
4. 문제점의 계층을 만들고, 각 문제점에 대한 해결책 계층을 만든다.
5. 토론을 기반으로, 그룹은 어떠한 해결책이 특정 기준을 근거로 더 개발 가능한지 결정할 수 있고, 프로토타입도 만들 수 있다.

필요 자원

연필
포스트 잇
종이
테이블
화이트보드
가벼운 간식

3. 초기 탐색 - 공유 브레인스토밍(NHK 방법)

이것은 무엇인가?

NHK 브레인스토밍 방법은 구성원들이 다른 구성원의 아이디어를 공유함으로써 본인의 아이디어를 세울 수 있게 해준다.

어떻게 전달하는가?

1. 문제점을 정의한다.
2. 각각의 참가자는 5개의 각각의 카드에 다섯 가지의 아이디어를 하나씩 적어 넣는다.
3. 5인조 그룹이 있다면, 각 개인은 본인의 카드에 있는 하나의 아이디어를 공유하는 동안, 다른 사람은 그 아이디어 범위 밖의 아이디어를 창조한다.
4. 많은 아이디어가 테이블에 만들어질 때까지 연속적으로 시행한다.
5. 더 의미 있는 범주로 아이디어를 수집하고 그룹화한다.
6. 프로토타입과 테스트에 적합한 우수한 아이디어 몇 개를 선택한다.

필요 자원

연필
포스트 잇
종이
테이블
가벼운 간식

4. 경계 확장 - SCAMPER

이것은 무엇인가?

SCAMPER는 7가지 단어를 가지고 혁신적인 방법과 브레인스토밍 하는 기술을 말한다.

1. Substitute(기존의 것을 다른 것으로 대체해본다)
2. Combine(A와 B를 합쳐본다)
3. Adopt(다른 데 적용해본다)
4. Modify(변경해본다)
5. Put to another Use(다른 용도로 써 본다)
6. Eliminate(제거해본다)
7. Reverse(거꾸로 본다)

어떻게 전달하는가?

1. SCAMPER 방법에 적용할 존재하는 제품/개념/아이디어를 선택한다.
2. 퍼실리테이터는 SCAMPER를 기반으로 질문을 하는 방법으로 독창적인 아이디어 도출을 위해 팀을 이끈다.
3. 질문에 근거한 가능한 많은 아이디어를 만든다.
4. 분석하고 우선 순위를 정한다.
5. 더 개발 가능하고, 프로토타입으로 할 수 있는 아이디어 몇 개를 선택한다.

필요 자원

연필
포스트 잇
종이
테이블
플립 챠트/화이트 보드
가벼운 간식

4. 경계 확장 - SCAMPER

1. Substitute(대체하다)
   - 이미 만들어진 제품을 개선하기 위해 어떤 물질이나 성분으로 대체 또는 교환할 수 있는가?
   - 어떤 다른 제품이나 프로세스를 이용할 수 있는가?

2. Combine(결합하다)
   - 새로운 무언가를 창조하기 위해 기존 제품에 다른 것을 결합하면 어떨까?
   - 목표와 목적을 어떻게 결합할까?

3. Adapt(적용하다)
   - 기존 제품에 다른 맥락을 집어 넣을 수 있는가?
   - 영감을 얻기 위해 다른 제품의 아이디어를 사용할 수 있는가?

4. Modify(변경하다)
   - 기존 제품의 모양, 외모 분위기를 어떻게 변화시킬 수 있는가?
   - 새로운 가치를 창출하기 위해 무엇을 강조할 수 있는가?

5. Put to Another Use(다른 용도로 써 보다)
   - 기존 제품을 다른 산업이나, 다른 곳에 사용 가능한가?
   - 기존 제품을 다른 영역의 사람들이 사용 가능한가?

6. Eliminate(제거하다)
   - 어떻게 기존 제품을 능률화 하거나 단순화 가능한가?
   - 기존 제품에 일부분을 제거하면 어떨까?

7. Reverse(반대로 하다)
   - 기존 제품을 재편성 해보면 어떨까?
   - 지금 시험 삼아 시도해보는 것을 완전히 거꾸로 해보면 어떨까?

5. 경계 확장 - WHAT IF?(~라면 어떨까?)

이것은 무엇인가?

What if?는 기존 제품이나 개념의 제약이나 한계의 경계를 뛰어 넘기 위한 혁신적인 브레인스토밍 하는 기술을 말한다. What if?의 원칙은 여러분이 새로운 해답을 원한다면 새로운 질문을 해야 한다는 것이다.

어떻게 전달하는가?

1. What if? 방법에 적용할 기존 제품이나 개념, 아이디어를 선택한다.
2. 퍼실리테이터는 What if? 에 기반으로 질문을 하는 방법으로 독창적인 아이디어 도출을 위해 팀을 이끈다. 사람들은 더 많은 "What if?" 질문에 말을 더한다.
3. 질문에 근거한 가능한 많은 아이디어를 만든다.
4. 분석하고 우선 순위를 정한다.
5. 더 개발 가능하고, 프로토타입으로 할 수 있는 아이디어 몇 개를 선택한다.

필요자원

연필
포스트 잇
종이
테이블
플립 챠트/화이트 보드
가벼운 간식

What if 질문들의 예

1. **부족함/풍부함**
   휘발유 없이 차가 달린다면 어떻게 될까?
   이 Website를 변경하기 위해 무한한 예산이 여러분에게 주어진다면 어떨까?

2. **극단적인 단순함**
   군대가 군인 없이 전쟁을 하면 어떻게 될까?
   은행 대출을 받을 때 한 단계에서 처리된다면 어떨까?

3. **정반대**
   여러분이 여러분의 휴대전화로 찾아가는 것이 아니고 휴대전화가 여러분께 찾아 온다면?
   회사가 종업원에게 월급을 주는 대신에 종업원이 회사에 월급을 준다면?

확산적인 사고는 여러 가지
선택들을 창조하는 반면에
수렴하는 사고는 선택들을
취사선택을 한다.
Concept of ideation

수렴을 위한 3가지 간편한 방법

다양한 아이디어 도출 기술을 사용하여 확산적인 사고를 무대에 올려 놓았다면, 매우 많은 아이디어를 여러분의 접시에 담을 수 있을 것이다. 훌륭하고, 정보에 입각한 해결책을 찾는 중요한 열쇠는 어떻게 수렴하는지를 아는 것이다.

여러분이 많은 아이디어를 가지고 있다면, 이제 한 가지로 좁혀 나가야 한다. 아이디어 도출 목적의 핵심은 큰 한 가지의 아이디어나 해결책임을 명심하라.
아래는 여러분이 우선순위를 결정하고, 조직화 하며, 평가할 수 있도록 도와주는 몇 가지 틀이다.

여러분의 아이디어를 수렴하여 주는 3가지 방법

1. 친밀감 지도(Affinity Map)
2. 우선순위 지도(Prioritization Map)
3. 아이디어 평가(Idea Evaluation)

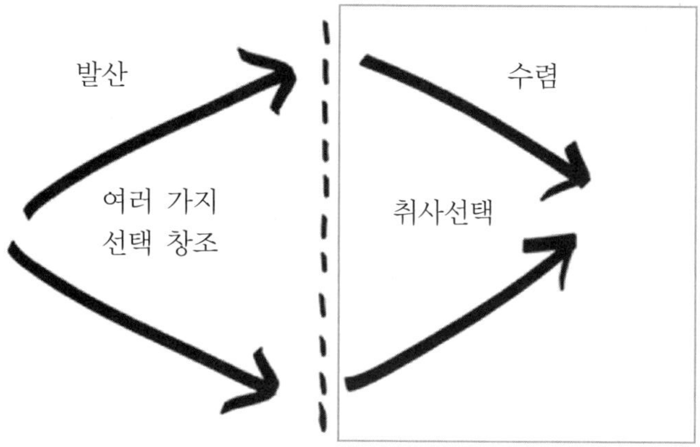

1. 우선순위 지도

이것은 무엇인가?

우선순위 지도는 사용자의 혜택 수준에 대비 실행 가능 여부에 근거하여, 아이디어 지도를 그리는 것을 말한다. 우선순위 지도는 미래의 실행을 위해 어떤 아이디어를 가지고 진행할지 말지를 정보에 입각하여 의사 결정을 내리는 데 도움을 준다.

어떻게 전달하는가?

1. 우선 순위 결정 지도 위에 여러분이 가지고 있는 모든 아이디어를 그려 넣는다.
2. 어떤 아이디어가 진행하기 좋은 지에 대해 결정한다. 일반적으로 실행하기 쉽고, 많은 혜택이 있는 아이디어를 먼저 진행한다.
3. 실행할 의도가 있는 다른 아이디어를 결정한다. 많은 혜택의 아이디어지만 실행하기 어려운 아이디어는 미래 로드맵을 위한 관점에서 유지한다. 반면 적은 혜택의 몇몇 아이디어는 버린다.

필요 자원

연필
포스트 잇
종이
테이블
간단한 간식

우선순위 지도 예

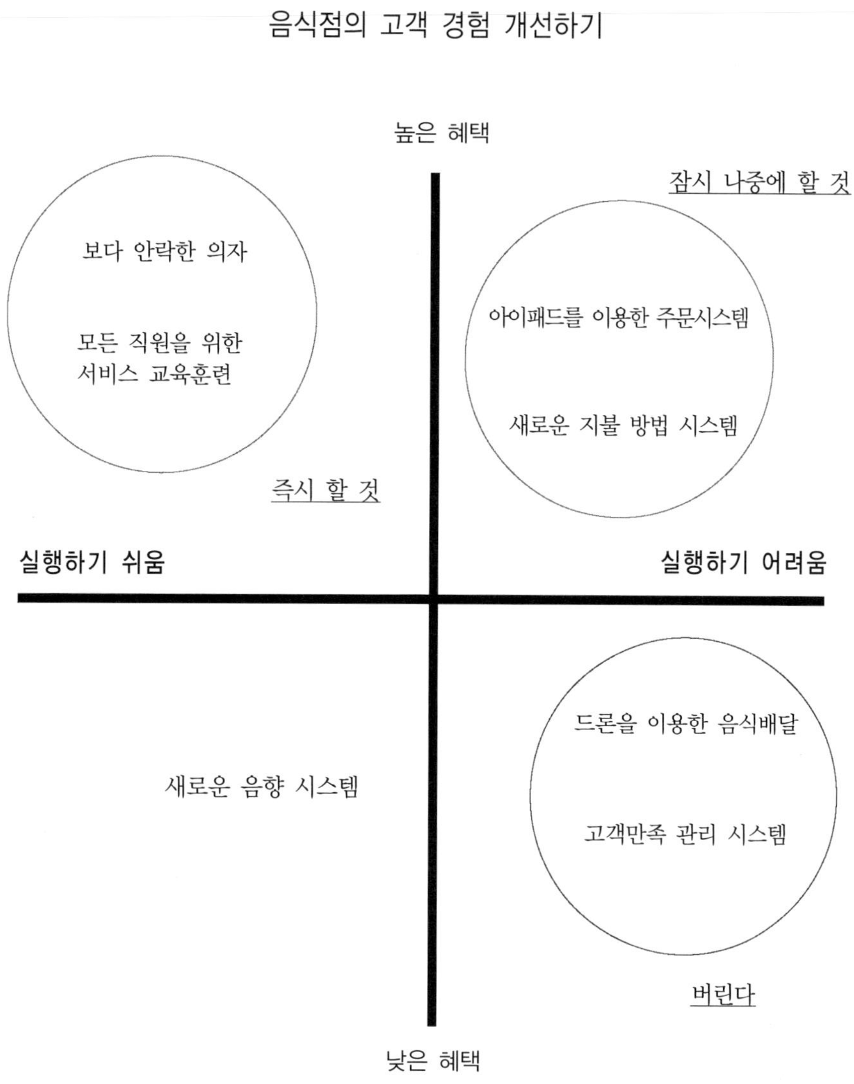
음식점의 고객 경험 개선하기
높은 혜택
잠시 나중에 할 것
보다 안락한 의자
모든 직원을 위한
서비스 교육훈련
아이패드를 이용한 주문시스템
새로운 지불 방법 시스템
즉시 할 것
실행하기 쉬움
실행하기 어려움
드론을 이용한 음식배달
새로운 음향 시스템
고객만족 관리 시스템
버린다
낮은 혜택

2. 친밀도 지도

이것은 무엇인가?

친밀도 지도는 여러분의 많은 아이디어들 중에 어느 아이디어가 더 친밀도가 높은지를 근거로 하여, 디자인 방향을 개발하기 위한 관련성을 찾음으로써 여러분의 아이디어를 분석하거나 조정할 때 사용하는 방법론이다. 친밀도 지도는 논리적 카테고리 안의 아이디어를 팀원들이 동의하여야 한다.

어떻게 전달하는가?

1. 친밀도 지도 위에 모든 아이디어를 올려 놓는다.
2. 아이디어의 그룹을 만들어 제목을 정하고, 어느 아이디어가 그 그룹에 친밀한가를 결정한다.
3. 각 그룹의 친밀도가 높은 아이디어 3~4개의 아이디어가 나올 때까지 계속한다. 소지할 가치가 없다고 생각하는 아이디어는 버린다.
4. 어떤 디자인 방향이 실행하기 좋은지 결정한다.

필요 자원

연필
포스트 잇
종이
테이블
간단한 간식

친밀도 지도 예

교실 학습 운영을 위한 아이디어

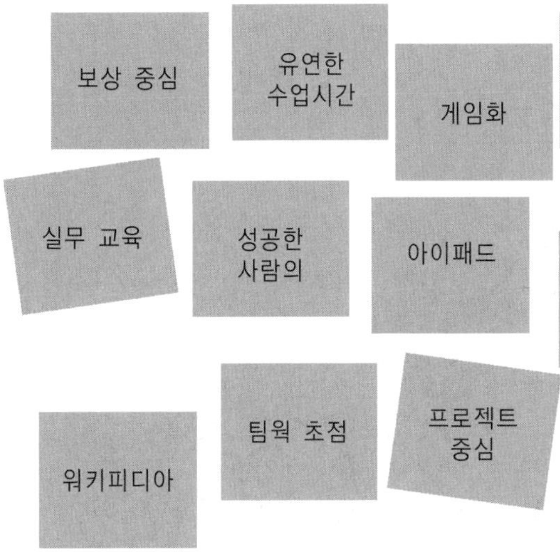

아이디어를 포스트 잇을 사용하여 랜덤하게 마구 붙인다.

아이디어 그룹을 나눈다.

3. 아이디어 평가

이것은 무엇인가?

아이디어 평가는 평가 기준을 근거로 여러분의 많은 아이디어 가운데 차이점을 이해하고 비교하기 위한 평가 표를 말한다. 아이디어 평가는 여러분이 이해관계자들과 함께 아이디어를 선택하거나 평가할 때 사용된다.

어떻게 전달하는가?

1. 평가표 위에 모든 아이디어를 올려 놓는다.
2. 각 기준에 근거한 각각의 아이디어의 중요한 점을 적어 넣는다.
3. 중요한 기준에 충족하지 못한 아이디어를 제거함으로써 계속 진행해야 할 아이디어를 평가하고 결정한다.

필요 자원

연필
포스트 잇
종이
테이블
간단한 간식

아이디어 평가표 예

고객 영향에 근거한 4개의 아이디어 평가 방법

평가 기준	아이디어 A	아이디어 B	아이디어 C	아이디어 D
고객 영향	+ 고객혜택이 큼 –	– 아마도 아닌 듯	+ 젊은 고객에게도 가치가 있음	+ 미래에는 혜택이 있음
사업 영향	+ –			
잠재적 개선점	+ –			
실행가능성	+ –			
혁신성	+ –			
기타	+ –			

요점 정리

❶ 아이디어 도출에 전념하고 여러분의 마음을 함양한다.

❷ 더 많은 옵션을 탐색하고, 다양한 경험으로부터 아이디어를 세워, 더 좋은 의사 결정하기 위하여 아이디어 도출을 계속한다.

❸ 아이디어 도출 세션을 운영하기 위해 6단계로 구성한다.

❹ 여러 가지 선택을 창조한 다음 선택을 정리하기 위해서 확산적인 사고와 수렴하는 사고를 갖는다.

❺ 초기 탐색과 혁신적인 경계 확대를 위한 다섯 가지 아이디어 도출 방법과 아이디어를 선택하고 조정하는 세 가지 방법을 익힌다.

제 8 장

테스트를 위한 프로토타입

"나는 지금까지 실패한적이 없다.
단지 작동할 수 없는 10,000가지 방법들을 찾아왔다"

– 토마스 에디슨(Thomas Edison), 발명가

Chapter

08 | 테스트를 위한 프로토타입

여러분은 항상 테스트를 위한 프로토타입을 만들어야 한다.

프로토타입을 만든다는 것은 여러분의 아이디어나 해결책을 이해관계자나 최종 사용자에게 시각적으로 보여주고, 입증할 수 있는 기회를 제공한다. 그래서 사람들이 더 쉽게 아이디어나 해결책을 이해할 수 있으며, 여러분은 해결책을 더 잘 개선할 수 있을 뿐만 아니라, 그 사람들로부터 피드백을 얻을 수 있다.

Zune HD의 속편인 Microsoft Zune mp3 플레이어에 관한 예를 보자. 2006년에 출시된 Microsoft의 Zune은 애플 iPad에 대한 대항마였다. 불행하게도 평판은 혼합적이었다. 어떤 사람들은 기능에 대해 매우 가치를 높이 두었고, 반면 다른 논평가는 디자인과 불편한 사용법을 비판하였다.

2009년, 수천 개의 Microsoft Zune mp3 플레이어가 작동하지 않았는데, Microsoft는 Zune 내부 시계의 소프트웨어의 문제라고 밝혔다. 2010년 마침내 Zune은 단종되었다.

저자의 의견으로는, 위와 같은 사례는 회사의 전형이라 할 수 있다. 회사는 테스트나 프로토타입의 적용 없이, 단지 희망만 가지고 급히 서비스나 생산품을 출시하려는 압박을 받고 있다. 최종 사용자는 손해를 입어 불평하고, 디자인 팀은 다시 디자인하고 다시 일을 해야 하는 업무로 매우 고통스럽다.

디자인 사고가의 중요 기술 중에 하나는 보다 일찍 그리고 비용을 저렴하게 모든 해결책을 테스트하고 프로토타입하여 확신성을 갖는 것이다. 그렇게 함으로써 생산품이 출시 되기 전에 어떤 이슈나 문제점을 발견하기 위함이다.

테스트를 위한 프로토타입은 에러를 최소화하고 프로세스 전 공정에 노력과 비용을 절감하여 준다.

8장에서 다룰 내용은 아래와 같다.

왜 프로토타입이 필요한가?
어떤 것이 프로토타입이 될 수 있는가?
어떻게 프로토타입을 만드는가?
테스트는 무엇인가?
어떻게 테스트를 진행하는가? 사용자 경험 연구실

프로토타입을 가지고 어디에 사용할 수 있는가?

프로토타입은 어떤 것을 배우거나 개선함에 사용되거나, 또는 테스트 된 초기단계의 모델이나 시각적으로 보여줄 수 있는 생산품/서비스를 말한다.

여러분은 어떤 것을 사용하여 만들어도 상관없다. 거친 판지로 만든 종이 모델, 와이어프레임, 또는 간단한 개념 스케치부터 출시 전 앱(응용 프로그램)이나 공장에서 만들어진 생산품까지 무엇이든 가능하다.

이상적인 프로토타입은 비용이 적게 들어야 하며, 빠르고, 쉬워야 한다. 왜냐하면 노력과 비용 낭비의 아픔을 제거해야 하며, 개량과 반복이 계속되기 때문이다.

대략적인 프로토타입의 형태

- 물리적으로 실물 모형의 판지 또는 종이
- 스케치
- 와이어프레임
- 스토리보드 또는 대본
- 상황 연극 또는 경험으로 얻은 진열

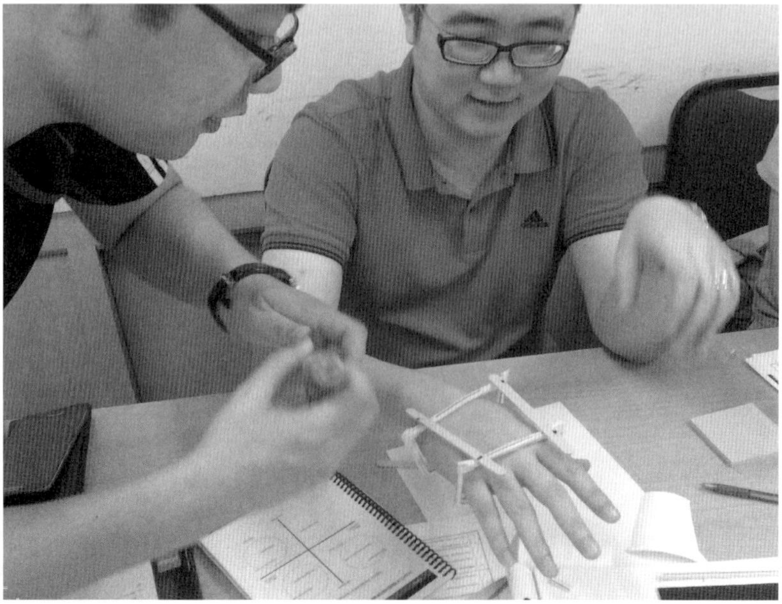

왜 프로토타입이 필요한가?

프로토타입을 만드는 주 목적은 여러분이 미리 알지 못했던 무언가를 찾아낼 수 있다는 것이다. 어떤 특별한 생산품이나 장치에 관해 생산적인 브레인스토밍이나, 매우 자세한 평가 기록을 통하여 여러분이 조사할 수 있다는 것을 의미한다. 그럼에도 불구하고, 여러분이 항상 놓칠 만한 몇 가지가 있을 수 있다.

예를 들면, 최종 사용자가 여러분이 만든 장치의 새로운 기능을 쉽게 알아낼 수 있을까? 사용하기 쉬운가? 이런 모든 질문들에 대해 MS powerpoint나 개념을 정리한 문서로 표현하기 쉽지 않다.

또한 좀 더 다듬어진 프로토타입은 여러분의 상사와 회계 담당자에게 더 좋은 모습으로 다가갈 수 있다.

❶ 미리 디자인의 이슈를 찾는다.

❷ 디자인 개념에 관해 좀 더 빨리 반복한다.

❸ 빠르게 디자인 변형들을 비교한다.

❹ 다 나은 디자인 피드백을 모은다.

❺ 좋은 프레젠테이션 도구이다.

❻ 협업을 권장한다.

❼ 싸고, 빠르고, 쉽게

왜 테스트를 하는가?

테스트는 어떤 생산품이나 서비스 디자인의 질, 신뢰성, 유효성을 만드는 평가 행위이다.

여러분의 최종 목표를 달성할 때까지 어떤 형태의 테스트 절차와도 진행할 수 있다. 예를 들면, 여러분의 이웃사람에게 쉽게 다가가 몇 가지 질문을 하듯이 프로토타입은 될수록 단순해야 한다. 그렇지 않으면, 테스트는 더 구조적이고 복잡한 방법으로 진행될 수도 있기 때문이다.

우리가 프로토타입을 테스트하는 이유는

❶ 빠르게 유효화 하거나 반복화 해야 하기 때문이고

❷ 최종 사용자의 기대치를 충족하기 위해서

❸ 피드백을 평가하기 위해서

❹ 최종 사용자와 그 결과에 대해 의사 소통을 하기 위함이기 때문이다.

어떻게 구조화된 테스트를 진행하는가? - 사용자 경험 연구실

사용자 경험 연구실이란 구조화된 실습 세션을 말한다. 여기서 여러분은 생산품이나 서비스에 대한 고객의 태도, 행동, 의견에 관해 알아낼 수 있고, 말을 하거나, 듣거나, 관찰할 수도 있다. 무엇의 목적은 고객들이 요구하는 "왜?/어떻게?"를 이해하고 통찰력을 갖기 위함이다.

일반적으로 고객은 각종 채널, 예를 들면 모바일, 웹, 안내용 책자 등을 통하여 구체적 사용자의 행태에 관해 요청을 받는다. 그래서 고객은 그들의 마지막 행태부분에 관해 견해를 밝힌다. 퍼실리테이터(여러분)는 일반적으로 관찰하거나, 질문을 하거나, 목소리를 듣기 위해 고객 옆자리에 앉는다.

주의를 기울여야 하는 사람은?

1. 참여자

   대개 참여자의 표본 추출 크기는 약 6~8명의 고객이다. 고객의 프로필을 선택한다는 것은 프로젝트의 요구사항에 근거하여 결정된다. 고객 모집은 대개 사용자 경험 연구실 세션을 하기 2주일 전에 하고, 고객의 정확한 피드백과 시간을 위해 장려금을 준비한다.

2. 이해관계자

   디자인 사고 프로세스에 관여하는 모든 이해관계자는 관찰자로 참여하는 것이 정상적이다. 그들은 실험 세션 동안 특이사항을 정리·작성해야 하며 능동적으로 참여해야 한다.

3. 생산품 판매 회사(벤더)

   때때로 벤더(여러분의 프로토타입을 만드는데 관여하는 담당자)를 초청하는 것이 유용할 때도 있다. 실험 세션에 참여하여 토론하고 나중에 공통 목표를 조정하거나, 문제가 될 수 있는 공통 이슈 사항들을 조절할 수 있다.

어떻게 프로세스를 검토하는가?

비록, 각 단계를 다루기 위해 다른 팀 구성원에 의해 업무가 수행될 수도 있지만, 일반적으로 주목해야 하는 프로세스의 5가지 단계가 있다.

1. 프로젝트의 목적과 사용자 프로필을 정의한다.
2. 사용자를 모집한다.
3. 사용자 경험 연구실을 시행한다.
4. 분석하고 권장한다.
5. 찾은 것을 보여준다.

사용자 경험 연구실의 5단계

사용자 경험 연구실의 5단계

사용자 경험 연구실은 여러분의 실력(진가)이 시험 되는 장을 의미한다. 여러분이 준비한 베타 버전 프로토타입을 가지고 제3자와 함께 테스트하는 곳을 말한다.

여기서, 여러분의 아이디어나 해결책이 잘 작동하는지 알아내야 한다. 만일 모든 일들이 기대한 만큼 잘 진행되지 않고, 전체적으로 실패를 하더라도 두려워 하지 말라. 만일 실패한다면, 여러분은 다시 아이디어 그림판으로 돌아가면 된다. 뿐만 아니라 여러분은 성공보다 실패로 인해 더 많은 것을 배울 수 있기 때문이다.

❶ 프로젝트의 목적과 사용자 프로필을 정의한다.

5장에서 학습한(5장 - 올바른 질문들을 질문하라) 것을 이용하여, 이해관계자들이 무엇을 원하는지 이해하고, 프로젝트에 대한 여러분의 목표가 무엇인지 정의한다.
여러분이 목표로 삼고 있는 대상 고객이 누구인지 이해하기 위하여, 4장에서 배운(4장 - 사용자를 먼저 생각하라) 몇 개의 페르소나 양식을 만든다.

❷ 사용자를 모집한다.

일반적으로, 사용자 경험 연구실을 진행할 때 단지 6~8명의 사용자만 모집한다.
6~8명의 사용자에게 생산품을 보여줌으로써, 대략 80%의 이슈를 찾아낼 수 있다.
또한, 여러분이 목표로 하는 대상 고객의 다양성도 이해하게 될 것이다.
만일 여러분이 새로운 거래 관련 플랫폼을 디자인 한다면, 다른 여러 영역을 이해해야 한다. 예를 들면, 거래의 초보자도 있고, 능숙한 사람도 있고, 중간 수준의 사용자도 있다.

사용자 모집 중에 반드시 날짜, 시간, 장소를 정확하게 공지하여 모두 참여할 수 있도록 한다. 또한 참석자를 위한 보상으로 장려금을 제공한다.

❸ 사용자 경험 연구실을 실행한다.

실행 당일 3~4명의 사용자와 약 1시간 30분 정도 대화하게 될 것이다.

일반적의 4개의 부분으로 나눠진다.

- 사용자 인터뷰와 간략한 설명(10분)

- 프로토타입 / 사용자 테스트 순서대로 진행(40분)
- 사용자와 함께 마무리(10분)
- 수행한 내용을 관찰자에게 보고(30분)

❹ 분석하고 권장한다.

프로토타입의 디자인의 변경 사항을 추천하고, 발견한 것들을 분석하는 마지막 보고를 이해관계자와 관찰자에게 한다.

❺ 찾은 것을 보여준다.

여러분의 팀이 이 실험실에서 무엇을 발견 했는지 다른 사람에게 전달 할 수 있도록 자료를 마무리 한다.

어떻게 인터뷰를 실행하는가?

인터뷰는 실질적으로 매우 중요하고 민감한 단계이며, 여기서 여러분은 귀중한 데이터를 얻는다. 이 단계에서 테스트 사용자들의 공통점은 무척 많은 긴장감을 갖고 있다. 그래서, 사람들을 마음 편하게 하는 것이 매우 중요하다. 그래야 사람들이 좀 더 정직하게 되고, 좀 더 여러분에게 다가갈 수 있게 된다. 그렇지 않으면, 사용자들은 침묵으로 일관하거나, 무언가를 말하기 꺼리는 경우가 있고, 여러분의 마음을 불편하게 하지 않음으로써, 여러분이 알고자 하는 것을 배울 수 없게 하기 때문이다.

❶ 사용자에게 간략히 설명한다.

처음부터 따뜻한 환영으로 기쁘게 고객을 만나라. 아래는 유용한 체크 리스트이다.

1. 참석자 환영과 자기 소개
2. 프로젝트의 간략한 설명
3. 프레젠테이션의 전반적 구조 설명(예, 인터뷰 예상 시간 1시간, 프로토타입을 사용한 의견 나누는 세션, 10분 남았을 때 마무리 정리 등)
4. "언제든 당신의 마음과 목소리를 내 주세요, 진행 도중 당신의 관점을 표현해 주세요."라고 말한다.
5. "우리에게 당신이 생각하는 것을 말해주세요. 그것이 긍정적이든 부정적이든 간에."
6. "이것은 당신을 테스트하는 것이 아니라, 프로젝트를 테스트하는 것입니다."
7. "만일 어떤 질문이 있거나, 언제든지 불편한 점이 있다면 저의 진행을 막아 주세요."
8. "전체 인터뷰 과정은 다른 방에서 보여집니다. 그 방에서는 저의 동료가 우리의 인터뷰를 보며 필요한 사항을 적고, 통찰력을 얻으려고 합니다. 왜냐하면, 저는 당신과 더욱 인터뷰에 집중하기 위함 입니다."
9. "인터뷰는 녹화 되지 않습니다."
10. 참여자의 기밀성 "당신의 이름과 특성은 기밀이 보장됩니다."
11. 프로토타입의 기대치를 관리한다. "이 프로토타입은 마지막 제품이 아닙니다. 어떤 것이 잘 작동할 것으로 기대하는지, 어떤 것이 잘 작동하지 않을지 말씀해 주세요."

여러분 그룹에서의 활동

❶ 처음 사용자를 만나 미팅 하는데 도움을 줄 수 있는 방법에 대해 토론한다.

❷ 인터뷰에 참여하는 사용자에게 동기부여 할 수 있는 방법에 대해 토론한다.

❸ 사용자들이 환영을 받는 분위기를 만들고, 좀 더 기꺼이 이 프로젝트에 관해 공유하도록 할 수 있는 방법에 대해 토론한다.

❷ 사용자 테스트와 인터뷰를 실행한다.

주제에 관한 사람들의 의견과 좀 더 고객에 관해 알기 위하여 몇몇 기본적인 질문을 한다. 예를 들어, 만일 신용카드 고객에 관해 알고 싶다면 :

당신 자신에 대해 더 말씀해 주시겠습니까?
신용카드 사용에 대해 어떻게 생각하십니까?
어느 신용카드를 가지고 있나요? 주로 어떤 용도로 신용카드를 사용하시나요?
우리 회사 신용카드는 어떻게 생각하시나요?

고객이 해야 하는 구체적인 업무에 관한 의뢰서를 주고, 프로토타입을 보여준다. 만일 필요하면 탐색하는 질문을 하고, 관찰한다.

시나리오	탐색하는 질문
여러분이 무언가를 관찰할 때	**제가 관찰을 해왔는데…** 혹시 다른 말씀 하실 부분은 없나요?
사용자가 해결책에 관해 질문할 때	왜 그렇게 생각하시나요? **(절대 다른 해결책을 주지마라)**
사용자가 시간을 끌 때	지금 무슨 **생각을** 하시나요?
사용자가 성과물을 기대할 때	무엇을 기대하시나요? 어떤 특별한 것을 **기대**하시나요? 이것이 당신이 **기대했던** 것입니까?
사용자가 다음 활동을 곰곰이 생각할 때	다음 코스에 무엇을 하시려고 합니까? **(활동의 다음 코스)**
여러분이 이유를 알기 원할 때	**왜? 왜? 왜?**
사용자가 감정을 표현할 때	이렇게 하면 **느낌**은 어떤가요?
여러분이 프로세스를 알기 원할 때	당신은 어떻게 사용하실 겁니까? **(프로세스를 이해한다)**
여러분이 즉각적인 반응을 알기 원할 때	당신의 느끼는 인상은 무엇인가요?
여러분이 미래에 관해 토론 할 때	다음에는 무슨 일이 생길 지 당신의 생각은? **(미래에 관해 토론)**
회고에 관해 토론할 때	그것은 과거에 어땠어요? 지금 발생했나요? **(회상하는)**

❸ 요약하고 마무리 한다.

고객이 프로토타입의 마지막에 반영된 생각을 제공하도록 한다. 테스트 동안에 나온 어떤 다른 관점들에 대해서도 검토한다. 테스트 동안 언급되고, 동의를 기다리는 피드백을 이해하기 쉬운 표현으로 준비한다.

관찰자의 분석 보고를 어떻게 실행하는가?

사용자 뿐만 아니라 관찰자에게 발견한 것을 보고하는 것을 잊어서는 안 된다. 관찰자는 반드시 공정하고 객관적이어야 한다. 만일, 그들이 무언가에 대해 토론한다면, 잠재 의식적으로 다른 사람이 찾은 것에 대해 영향을 받을 수 있다.

그러므로 아래의 중요한 것을 기억하라.

❶ 여러분이 인터뷰를 실행하는 동안 모든 관찰자는 규칙에 따르도록 한다.

여러분이 하면 안 되는 것

- 큰소리로 말하기
- 의견을 가진 다른 관찰자에게 영향을 미치게 하는 것
- 현재 해결책에 관해 생각하기
- 프로젝트나 여러분 자신에 대해 정당화 하기
- 인터뷰가 끝나기 전에 토론을 시작하기

여러분이 해야 하는 것

- 객관적이고, 호기심이 많아야 하며, 열려있는 마음 갖기
- 주의 깊게 경청하기
- 말로 표현된 것이든 아니든 단서를 포착하기
- 모든 문제점과 기회를 기록하기
- 추측은 금지하고, 알기를 시작하기

❷ 인터뷰 동안 모든 관찰자는 기록할 수 있는 양식을 받아야 한다.

다음 페이지의 관찰자 양식을 참조한다.

❸ 인터뷰 후에 관찰자를 활용한다.

플립차트를 준비하고 관찰자와 의견을 나눈다. 관찰자와 의견이 일치 되는 것을 찾고, 모든 사람이 공동 작업을 할 수 있도록 기록한다.

여러분이 다음 단계에서 다시 논의할 수 있도록 의견과 기회 공간을 나누어 둔다.

모든 시간이 끝난 후에, 관찰자와 이해관계자에게 발견한 것을 분석하고, 프로젝트에서 개선되어야 하는 몇 가지 권장 사항에 대한 마지막 보고를 한다.

관찰자 양식 사례

폰 A에 관한 관찰자 피드백

고객 프로파일 / 배경지식

조나단 림, 38세 법률가, 독신

개념/프로토타입의 장점	개념/프로토타입의 단점
쉽게 폰 A를 켤 수 있음 색깔이 매력적임 버튼 조작이 쉬움 폰 A에 포함되어 있는 기능이 매우 만족스러움	사용자 인터페이스 세팅이 혼란함 폰 A 가격이 눈살을 찌푸리게 함 폰 A의 크기가 주머니에 들어가기에 너무 큼

다른 피드백

만일, 현재 가지고 있는 휴대폰을 폰 A로 바꿀 수 있는지, 바꾼다면 무슨 문제가 있는지 물어볼 것.

프로토타입 평가 양식 사례

평가기준	프로토타입 A	프로토타입 B	프로토타입 C	프로토타입 D
기능성	◀ 목적에 모두 도달 ▶			
가격			모든 사용자에게 너무 비쌈	
예술성		제인은 색깔에 매력을 느낌		
사용편의성	모든 사용자가 단순하다고 생각함	이해하기 쉬움		
유지보수성				피터는 내구성이 떨어진다고 생각함
기타				

요점 정리

❶ 프로토타입을 테스트하기 위해 손을 더 부지런히 한다.

❷ 프로토타입을 창의적이고, 보다 시각적으로 만들기 위해 어떤 형태의 재료를 이용해도 상관 없다.

❸ 프로토타입 테스트가 왜 필요하며 그 이유에 대해 이해한다.

❹ 사용자 경험 연구실을 실행하는 5단계를 이해한다.

❺ 인터뷰를 실행하거나 관찰자를 활용하는 기술과 방법론을 이해한다.

마무리

"똑같은 일을 계속 반복하면서 다른 결과를 기대하는 것은 무모한 짓이다." 아인슈타인(Einstein)

지금 글을 쓰면서도, 나는 벌써 싱가폴, 동남 아시아, 홍콩, 타이완 외 나머지 국가에 이 책의 출판과 배포에 마음이 가 있다. 나는 디자인 사고에서 나의 경험을 공유할 뿐만 아니라 활동 계획과 함께 하려는 마음가짐에 무거운 부담을 느낀다.

이 책에 쓰여 있는 지식을 공유함으로써, 여러분과 삶의 목표에 충실하려 했던 나에게 두 가지를 간청하고 싶다.

1. 여러분이 배운 것을 적용하라.

시작은 작다. 그래도 시작하라. 인용구로부터 지혜, 활동하며 얻는 영감, 작은 견본으로부터 얻는 실질적인 도구, 이 모든 것이 여러분 자신의 삶과 직장, 학교, 단체에 적용할 수 있는 작은 주춧돌이 된다. 여러분이 어디를 가든 디자인 사고에서 배운 것을 적용할 수 있다는 점을 끊임없이 유념하기 바란다.

2. 변화의 전도사가 되어라.

세상에 빛과 소금이 되라. 아인슈타인은 "변화는 필수 불가결하다. 단지 바보만 변화를 껴안지 않는다"라고 암시했다. 여러분이 디자인 사고가로서 변화를 한번 시작하면, 독특한 방법으로 문제를 해결할 수 있고, 여러분이 정확한 결과를 사람들에게 전달한다면, 사람들은 결과를 보고 여러분을 따를 것이다.

디자인 사고 전문가인 대니얼 링(Daniel Ling)과 함께 디자인 사고가 워크숍, 토론, 컨설팅을 원하시면 emerge.creatives@gmail.com으로 연락 주세요.

찾아보기

EMOTIONS

Angry Confused Frustrated Happy Sick

Believe you can Draw!

"drawing saves time by
replacing words to explain
a particular situation"

정가 20,000원

ISBN 978-89-7050-900-6